パワースポット・オブ・台湾

～台湾の聖殿と神々を巡る旅～

松田義人

はじめに

年間八百万人以上もの日本人が渡航するようになった台湾。日本との縁が深いことから、改めて親近感を抱く人も増えているようだ。

しかし、我々日本人にとって理解が難しく、情報も少ないのが、台湾の宗教の話だ。台湾の宗教は世界的に見ても稀なほど多彩であり、実に多くの聖殿と神々がある。

道教廟が大小無数にある一方、台湾第二の宗教・仏教の寺院は各所の様式が著しく異なり、西洋発祥のキリスト教の教会が中華様式で建てられている例も多い。日本統治時代の神社を古跡として保存したり再興する例がある一方、その日本を敵視するように神社破壊を美徳としたオブジェ、抗日運動の英雄を崇める公園、権力者・蒋介石を祀る廟なども複数ある。

正直、多彩過ぎて混乱する。これらの謎を台湾人の友人にたびたび尋

ねてきたが、「私も知らない」とか、あるいは話をウヤムヤにさせられることが多かった。きっと一概には言い切れないからだろう。しかし、こういった聖殿と神々からは台湾らしさを強く感じる分、その実態や全貌がわからないことがもどかしかった。

そういう経緯があったため、本書では、思い切って台湾の宗教にまつわる多彩な聖殿と神々……つまりパワースポットだけを紹介し、少しでもその成り立ちや意義を読者の方々と共有したいと考え、制作に至った。

巡った聖殿の数は二百以上に及んだが、「自分と違う民族や慣習であっても、他者を尊重する」台湾人にならい、特定の宗教や思想に偏らぬよう、できる限り様々な聖殿と神々を紹介するよう努めたつもりだ。

もちろん、各聖殿ではどんな神々からどんな恩恵・パワーを受けられるか、そして各所のアクセス情報も紹介している。気になる聖殿と神々を見つけたら、参拝に行っていただければ幸いである。

松田義人

もくじ

台湾の地図

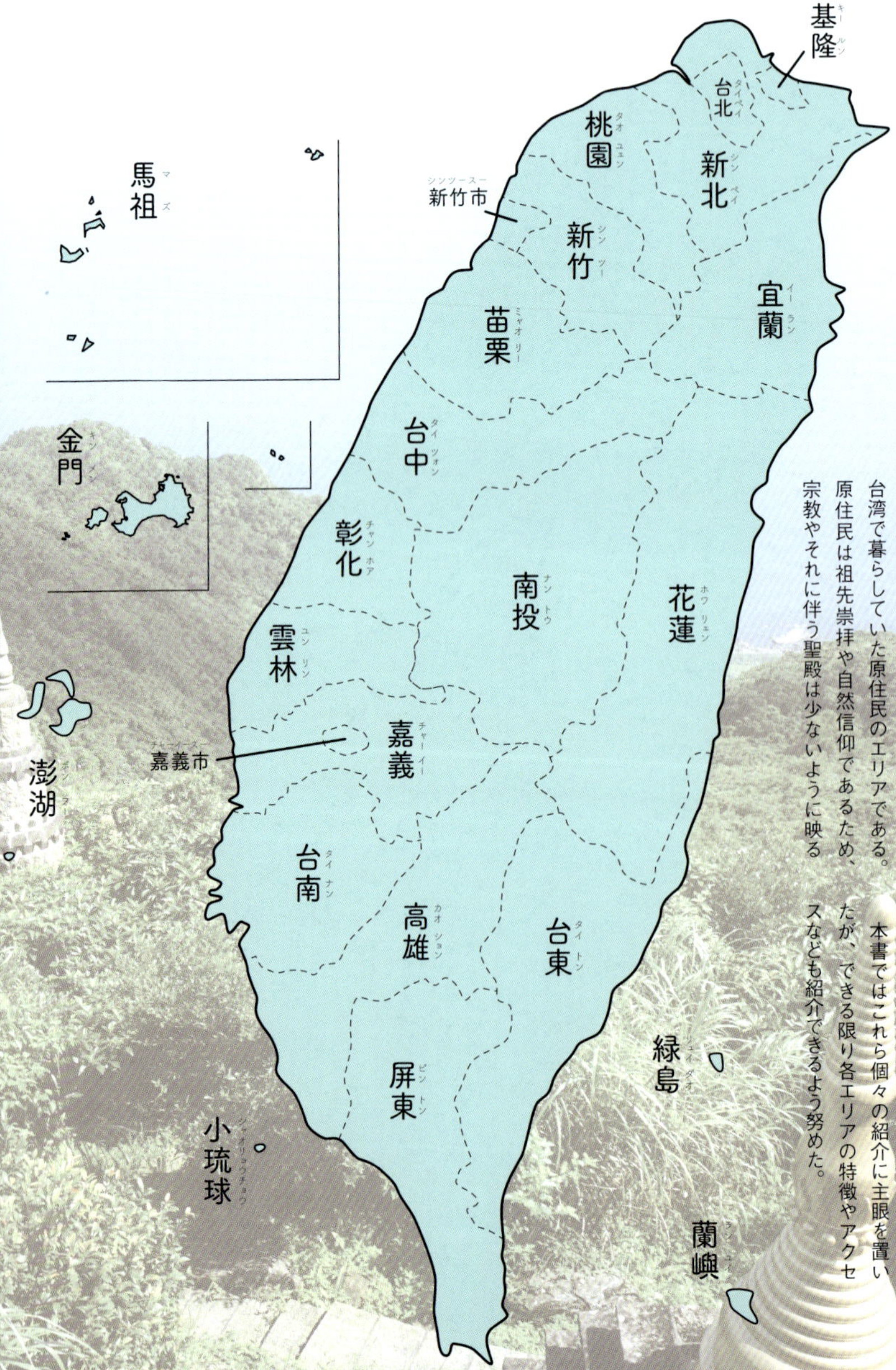

日本の九州ほどの面積を持つ台湾本島。西部の南北は人口が多く経済も栄えているため、聖殿と神々……つまりパワースポットが実に多くある。

一方、中央の南北には中央山脈が連なっており、これを境とした東部は、もともと台湾で暮らしていた原住民のエリアである。原住民は祖先崇拝や自然信仰であるため、宗教やそれに伴う聖殿は少ないように映るが、漢人がもたらした道教を筆頭に、西洋人が啓蒙したキリスト教、そして日本神道の神社跡などが、少ないながらもある。今日には原住民のガヤ（思想）と各宗教の教えを併せたものもあり、東部もまた個性的な聖殿と神々が多く鎮座している。

本書ではこれら個々の紹介に主眼を置いたが、できる限り各エリアの特徴やアクセスなども紹介できるよう努めた。

〔本書について〕

■本書では、台湾の先住民族に対し、現地の呼称に従い、"原住民"として表しています。

■本書で紹介する各スポットの名称は、台湾での繁体字での漢字に対し、できる限り日本での常用漢字に転じています。ただし、各アクセス部は、現地の名称を優先しています。このことから、紹介スポットおよび解説と、アクセス部の漢字に違いが出ている場合があります。

■本書のデータは、2017年5月～2019年7月までに取材、調査をした情報を記載しています。各地の内容、各交通機関の路線、道路などは変更される場合がありますので、アクセスされる際は、最新情報をご確認ください。

■各地へのアクセスの所要時間は、あくまでも目安であり、気候や時期によって大幅に変わることがあります。

■各地の読み方は、カナ表記と中文をローマ字表記したものを併記しています。

■巻末のインデックスマップはあくまでも位置関係を知るための目安としており、詳細な地図ではありません。詳細な地図は各エリアのQRコードよりスマートフォンにダウンロードできるGoogle Mapをお使いください。

■本書掲載の各スポットは著者による選別ですので、その情報やアドバイスが読者の方の状況や立場に適しているかは、全てご自身でご判断ください。

第一章・台北《タイペイ》・新北《シンペイ》・基隆《キールン》の聖殿と神々

台湾を旅行する際、旅行者のほとんどが宿泊、または通過する台北。新陳代謝が激しい都会ではあるものの、地域に深く根付いた個性的な廟や寺院が数多くある。

そして、この台北をグルっと囲むエリアが新北だ。かつては〝台北縣〟として各エリアに分けられていたが、二〇一〇年より丸っとまとめて〝新北市〟という直轄市に昇格。このことから一口に〝新北〟と言っても東西南北で立地が大きく異なる。そのため、移動に相当な時間がかかることもあるので、方角と立地の相互関係を把握しながら、計画的に巡拝すると良いだろう。特に廟、寺院などが多いのは新北北部の淡水から基隆までを繋ぐ海岸線沿いのエリア。また、新北南部の山間、石碇付近にも個性的な廟が多い。

そして、その新北にえぐり込むようにあるのが基隆だ。台湾屈指の港町であり、複雑な歴史の舞台として世界的にもよく知られている。エリア自体が小さいため廟、寺院の数こそ少ないが、歴史ある聖殿が鎮座している。

パワースポット

001

巨大な台湾版ハチ公が山間に鎮座する

十《シー》八《パー》王《ワン》公《ゴン》廟《ミィアオ》

―Shibawanggong Miao―

新北市石門區乾華里阿里磅1之1號

▲まず、その大きさに目を奪われるが、首もとには蝶ネクタイがありかわいらしい印象も。

台北を囲む新北エリアは、個性的な廟が点在している。新北の北側に位置する海岸側の石門、三芝、萬里には特に多いが、その中の一つがここ十八王公廟で、全高三十メートルにも及ぶ巨大な犬の像が鎮座している。

この像は、清時代の十七人の漁師との物語に由来する。漁師たちと犬は漁船に乗り寝食を共にしていたようだが、あるとき大しけで船が沈没。全員が海に飲まれ死んでいったが、おぼれた漁師たちの後を追うように犬も自ら海に飛び込んだという。この言い伝えによって、犬が〝義犬〟として祀られるようになった。

悪霊を鎮魂する〝陰廟〟としてもよく知られる廟だが、他のそれに比べ重い空気は薄い。また、くじ運向上も評判で、特に運気がアップするという深夜帯の訪問者が多いようだ。

【MAP】
P163／D+1

●宗教…民間信仰／道教
●神…十八王公ほか
●アクセス…台鉄「台北駅」より、國光客運バス・1815番金山行きに乗り、約1時間の「磺溪橋」下車。淡水客運バス・862番淡水行きに乗り、約50分の「乾華」下車、西へ徒歩約8分。

▲のどかな山間の向こうに、巨大な義犬の像が鎮座している。

▲犬の像の中に入ることもできるようだが、取材時は閉鎖されていた。

▲巨大な義犬像には性器は表現されておらず、性別はわからなかった。

▲言い伝えの通り、沈没した船も祀られている。

▼廟内で、道教の神御衣《かむみそ》を着せられ大切に祀られている義犬。

パワースポット
002

恋愛成就に効果がある台湾イチのラブラブ廟

萬《ワン》里《リー》情《チン》月《ユエ》老《ラオ》廟《ミィアオ》

― Wanli Qingyuelaomiao ―

新北市萬里區公舘崙55之2號

▲ハートだらけのラブリーな聖殿。台湾のテレビドラマのロケ地としても使われたという。

▲郵便ポスト型の金炉。ここに金紙とお願いごとを入れ、神様にお金を贈る仕組みだ。

▲入口もハート型だが、日本人の目線で見ると、どこか昭和的な造形に映る。

▲金色のハート型のモニュメントを背景に主神・月下老人が悩める人々を見つめる。

通称〝愛の郵便局〟。本来、道教廟の造形や装飾は教典や伝説に基づいて構成されるはずだが、ここは〝恋愛〟に特化しているため、西洋発祥のハートマークをふんだんに取り入れている。前述のアジア圏の宗教とは関係のないキューピッドなどもおり、廟の定義を遥かに飛び越えていることは日本人の筆者にもよくわかる。

入口のハート門をくぐると、廟内では金のハートのモニュメントを背景にした月下老人が鎮座している。廟内では恋愛成就、結婚祈願などを祈るのだが、訪問者はカップル、女性が多いという。

また、〝愛の郵便局〟の名に相応しく、神様へ献上するお金・金紙を焼く金炉も郵便ポストを模している。細部にまでラブリーにこだわった廟は、世界中でここだけではないかと思う。

【MAP】
P162／E＋1

●宗教…道教
●神…月下老人
●アクセス…台鉄「台北駅」より、國光客運バス・1815番金山行きに乗り、約1時間15分の「金山區公所」下車。タクシーで南西へ約10分。

パワースポット

003

珍景ファン垂涎の奇廟の代表格

金剛宮《ジンガンゴン》 ｜ Jinggang Gong ｜

新北市石門區富基里莰仔脚41之3號

▲手が届く場所ならなんでも見ることができるという眼中有手像。

▲廟の外観。かなり広いので見学、参拝は最低でも1時間は見ておくと良いだろう。

【MAP】
P163／D＋1

- 宗教…仏教／道教
- 神…梵天ほか
- アクセス…台北 MRT（淡水信義線）・「台北駅」より約55分の「淡水」下車。淡水客運バス・863番金山行きに乗り、約1時間45分の「富基漁港」下車、東へ徒歩約5分。

日台双方の珍景ファンの間ではよく知られた廟。当初は四面仏を祀る寺として始まったようだが、さらに派生して土地公、千手観音、閻魔を筆頭に数えきれぬほどのの神々が鎮座している。いずれの神々もダイナミックな造形で、見学だけでも十分楽しむことができる。

ただし、ここはれっきとした寺。見慣れない神々を見て高揚しても静粛に努めるよう心がけたい。

パワースポット

004

神様の銀行もある金運向上のメッカ

金山財神廟《ジンシャンツァイシェンミィアォ》 ｜ Jinshan Caishenmiao ｜

新北市萬里區磺潭里公館崙52之2號

▲2002年建造と廟の歴史はそれほど長くないが、現在は年間数万人もの参拝者が訪れるようだ。

▲手順通りに通り抜け、そのまま参拝すると金運が上昇するという元寶《げんぽう》のモニュメント。

【MAP】
P162／E＋1

- 宗教…道教
- 神…五路財神ほか
- アクセス…台鉄「台北駅」より、國光客運バス・1815番金山行きに乗り、約1時間15分の「金山區公所」下車。タクシーで南西へ約10分。

萬里情月老廟（P12）の真隣にある金山財神廟。その名の通り財神となる五座の神が鎮座しており、金運アップに効果がある廟だ。

特筆すべきは廟内の〝財神銀行〟。ここでは参拝の際、三百元（日本円で約千二百円）までならお金を貸してくれる。この借金によって神様との交流が深まり、財運が高まるという説もあるので、祈念的に利用する人が多いようだ。

パワースポット

005

山間に突如現れる福徳正神と恐竜を拝む

南山福徳宮《ナンシャンフウドァゴン》

Nanshan Fudegong

新北市中和區興南路二段399巷160之1號

▲山間にそびえつ福徳正神像。ライトアップされる夜間に訪れたい。

【MAP】

P163／D＋3

●**宗教**…道教

●**神**…福徳正神ほか

●**アクセス**…台北MRT（松山新店線）・「北門」より、約9分の「古亭」で中和新蘆線に乗り継ぎ、「南勢角」下車。中和區公所バス・F512番烘爐地行き（休日のみ）に乗り、「烘爐地」下車すぐ。

▲福徳正神が鎮座する廟の裏手の山間には、どういうわけか巨大な恐竜像も鎮座。神とは関係ないように思えるが、年配の方の中にはこの恐竜も拝んでいく人がいるという。

福徳正神は、〝土地を守る〟土地公として台湾各地で祀られているが、特に巨大な福徳正神像が鎮座しているのがここ南山福徳宮である。

もちろんこの廟でも、土地公として鎮座しているが、「土地が豊かなら財をなす」という考え方から財神としての信仰もある。この廟でもお金を借してくれるが、やはり借金すると財運を呼び込むと考えられているようだ。

余談だが、廟の裏手には、何故か恐竜の巨大像も鎮座している。理由は定かではないが、中にはこの恐竜を拝む人もいるらしい。

パワースポット

006

銀行強盗犯を神として祀る寺

無天禪寺《ウーティエンチャンスー》

— Wutian Cangsi —

新北市新店區粗坑里永福路81號

▲この先に寺があるとは思えない簡素な寺門。凶暴な番犬がいるので訪問の際は注意を。

▲この地で神となった李師科。言わば“台湾版ロビンフッド”の彼を慕い、助けを請う人は後を絶たないという。

何度も台湾に通っていると、理解が難しい台湾人特有の感覚に直面することがある。それ自体も台湾の醍醐味であり、さらに台湾にハマる理由の一つでもあるが、新北・新店エリアの山奥に、銀行強盗犯が神として崇められる無天禪寺という寺がある。「銀行強盗犯が神」とだけ聞けば、「何故そんな……」と思うはずだが、経緯はこうである。

この寺で祀られている李師科という台湾初の銀行強盗犯は、一九八〇年一月、台北市内で持参した拳銃で警察官を射殺。さらにその警察官から奪った拳銃を持ち、銀行に押し入り五百四十万元（日本円で約二千百六十万円）を奪って逃走した。果たして李師科は二十三日後に逮捕されることになったが、後に奪ったお金の用途はめぐまれない子どもたちや貧しい人々への寄付であったことが判明。断じて許されない行為だが、恐怖政治下で貧富の差、社会的待遇の差が激しかった当時の台湾では体制への挑戦として一部からの評価にも繋がった。

▲身柄拘束時の李師科。

こういった経緯から李師科の死刑執行の五年後の一九八七年に、当時の民進党の議会議員の強い後押しにより、この〝銀行強盗犯廟〟が完成。以来今日まで、李師科を神として崇める人々、鎮魂を願う人々が参拝に訪れるという。

あらゆる事象や事件には相応の動機や理由があるもの。これは、あくまでも筆者の主観だが、事象や事件の背景を冷静かつ柔軟に評価・判断する人が、台湾人の中には多いように映ることも付け加えておきたい。

【MAP】
P163／D＋3

●**宗教**…民間信仰／仏教
●**神**…釈迦／李師科（御霊）
●**アクセス**…台北MRT（松山新店線）・「北門」より、約30分の「新店」下車。新店客運バス・緑3番花園新城行きに乗り、約23分の「花園新城」下車、東へ徒歩約25分。

パワースポット
007
犬の陰茎を触ると幸運が訪れる
土城義塚大墓公《トーチャンイージョンダームゥゴン》 ― Tucheng Yizhong Damugong ―
新北市土城區埤塘里忠義路61號

▲戦死者の鎮魂のほか、財運向上にも霊験あらたかだという。

▲神犬。十八王公廟（P10）の義犬と比べると、ややファンシーな印象である。

【MAP】
P163／C＋3

●宗教…民間信仰／道教
●神…義塚公（御霊）ほか
●アクセス…台北MRT（板南線）・「台北駅」より、約33分の「土城」下車。出口2（和平路）を出て、南西に向かって金城路一段／北88郷道／忠義路を進む。徒歩約8分。

台湾の民族間の争いで亡くなった人々を埋葬している陰廟。〃神犬〃の黒犬像は、戦場でも逃げなかったことが伝説となり祀られている。

そこまでは筆者でも理解できたが、後に口コミで広がったという「犬像の陰茎を触ると、運気がアップする」というジンクスには驚いた。結果、大勢の人が犬の陰茎を触っていくため、その部分だけがツルッツルになってしまっていた。

パワースポット
008
道路の真ん中にそびえ建つ廟
八分寮福徳宮《パーフェンリィアォフゥドァゴン》 ― Bafenliao Fudegong ―
新北市石碇區隆盛里八分寮（106號線）

▲道路の真ん中にあるため、当然入口も道路の真ん中にある。廟内に入る際は行き交う車やバイクに細心の注意が必要だ。

▲市道106号の真ん中にある八分寮福徳宮。主神は土地公であり、地域の人々の平穏な生活を守り続けている。

【MAP】
P162／E＋3

●宗教…道教
●神…福徳正神、大樹ほか
●アクセス…台北MRT（板南線）・「台北駅」より、約12分の「市政府」下車。指南客運バス・912番石碇高中行きに乗り、約50分の「八分寮」下車すぐ。

台湾には「何故ここに！」という立地的な驚きを覚える廟が数多くある。ここ八分寮福徳宮もそのうちの一つで、写真の通り、道路の真ん中に廟が堂々と存在している。

かつて、この場所には大樹があり人々が大切に見守っていたというが、道路開通の際その大樹を伐採。悲しむ人々の思いから大樹跡が廟に転じられ、そのまま道路の真ん中に存在し、今日に至っているという。

▲柱、壁、天井、龍にいたるまで実に細かい貝殻の装飾がなされている。

パワースポット

009

貝殻だらけの竜宮城のような寺

富《フゥ》福《フゥ》頂《ディン》山《シャン》寺《スー》

―Fufudingshan Si―

新北市三芝區圓山里二坪頂69號

【MAP】

P163／D＋1

●宗教…道教
●神…済公活ほか
●アクセス…台北MRT（淡水信義線）・「淡水」より基隆客運バス・862番基隆行きに乗り、約1時間18分の「三芝站」下車。F132番八賢線に乗り、約1時間の「二坪頂」下車、徒歩約4分。

▲神殿を正面に見て、右側から後部へかけて入るトンネル。高さは約160センチメートルほどなので、大半の大人はかがまないといけないが、美しいトンネルをくぐると、本当に竜宮城の中にいるかのような気持ちになる。

新北・淡水エリアの陽明山の山間にある貝殻だけで装飾された寺。寺の院長が夢の中で、主神である済公活から「貝だけで寺を作るよう」というお告げを受け、この〝貝殻寺〟を作るに至ったそうだ。

しかし、台湾だけでなく諸外国からサンゴ、メノウなどの六万種以上の貝殻を集めるのがまず大変。それらを装飾するのもまた大変。都合十年間かけて、ようやく完成したという。

神殿の後方には小さな貝殻だらけのトンネルがあり、複数の神々が鎮座している。まるで竜宮城の中にいるかのような錯覚を覚えるほど。財運向上の御利益もあるので、是非見学と参拝を兼ねて行ってみて欲しい。

▲このように廟に鴨肉料理店が併設されており、歩くのもままならないほどの賑わいを見せている。

▲牌楼（門）だけを見れば、ごく普通の廟に映るのだが、その手前には鴨肉料理店の日よけがはみ出している。

パワースポット

010

鴨肉料理店が合体した廟

金包里廣安宮《ジンバオリーグァンアンゴン》 ― Jinbaoli Guangangong ―

新北市金山區金包里街104號

新北・金山エリアの中心にある金包里廣安宮。廟の入口脇に鴨肉料理店が併設されており、廟の参拝者より鴨肉料理目当ての来訪者のほうが遥かに多くなってしまったという珍しい廟だ。

　廟内で料理を注文し、廟の近所の各テナントで食べる仕組みのため、廟付近は皿を持ちながら歩く人が多い。人にぶつからないよう注意するのも界隈の暗黙のルールである。

【MAP】

P162／E＋1

●宗教…道教

●神…開漳聖王ほか

●アクセス…台鉄「台北駅」より、國光客運バス・1815番金山行きに乗り、約1時間15分の「金山區公所」下車、南東へ徒歩約2分。

パワースポット

011

無数の石像が門前でお出迎え

韋駄寺《ウェイトゥオスー》 ― Weituosi ―

新北市萬里區員潭路31號

寺門付近には十八もの羅漢の石像があり、神殿にも木彫の像が複数鎮座した寺。

　〝寺〟とあることと、他の廟に比べて聖殿がストイックなことと、蓮の絵もあるため、筆者は完全な仏教寺と思ったが、鎮座する神々の大半は道教由来のものだった。

【MAP】P162／E＋1

●宗教…仏教／道教　●神…観音菩薩ほか

●アクセス…台鉄「台北駅」よりバスで、約1時間10分の「大鵬國小」下車。南西へ徒歩約9分。

パワースポット

012

北海岸沿いにあるランドマーク的廟

五龍宮《ウーロンゴン》 ― Wulonggong ―

新北市石門區中央路37之2號

海岸線、省道2号線沿いの中でも一際目立つ廟。道教および五行陰陽説に基づく廟で、人々の健康、財運、海の安全に霊験あらたかだという。

　近隣には名スポット、石門洞があるほかご当地グルメのちまき店も多いので、参拝と併せて楽しむと良さそうだ。

【MAP】P163／D＋1

●宗教…道教　●神…玄玄上人ほか

●アクセス…金山中心部よりタクシーで約15分。または台鉄「基隆駅」付近よりタクシーで約30分。

パワースポット

013

“UFO基地”という都市伝説もある天壇

無極天元宮《ウージーティエンユエンゴン》

— Wuji Tianyuangong —

新北市淡水區水源里北新路三段36號

▲巨大な天壇。信仰する人にとっては極めて重要なパワースポットである一方、近隣は桜が綺麗なこともあり、シーズンになると大勢の観光客も訪れるという。

▲早朝の取材だったが、神々の前で瞑想を行う人が複数いた。

▲聖殿の入口では、無上真聖尊という神が水とともに出迎えてくれる。

新北・淡水エリアの巨大聖殿の代表格。シンボルでもある巨大な天壇は五階建てで各フロアに道教、仏教由来の異なる神像が鎮座しているが、他の廟ではあまり見かけない神々が多い。

また、ワンフロアごとが高く、その階段を登るには結構体力を使うものの、各階とも風の抜けが良くむしろ心地良く感じられる。最上階の五階から眺める淡水一帯の景色は、実に美しいので是非行ってみて欲しい。

余談だが、その造形、そして門外漢には理解が難しい独特の宗教概念から、この天壇を指し「UFO基地である」という噂が広まり、新聞などでも取り上げられたことがあるという。あくまでも都市伝説の範囲を超えないが、地元の人たちもこの天壇を神秘的に見ていることを物語るエピソードだ。

【MAP】

P163／D＋1

●宗教…道教
●神…玉皇大帝ほか
●アクセス…台北MRT（淡水信義線）「淡水」下車。出口2（学府路）を出て、淡水客運バス・875番北新荘行きに乗り、約30分の「破布子脚」下車、徒歩約4分。

パワースポット
014

金瓜石の山奥に今日も残り続ける神社跡

金瓜石黄金神社《ジングァシーファンジンシェンショア》

— Jinguashi Huangjinshenshe —

新北市瑞芳區金瓜石金光路51之1號

▲険しい山道を登りきると、黄金神社の鳥居がある。

▲社殿まで続く山道の両脇には、日本統治時代から残る一対の石灯籠がある。

▲そのまま残る拝殿柱。初めて訪れた際は鳥肌が立つほどの感動を覚えた。

日本統治時代に発見された金瓜石鉱山。おおいに栄えたエリアとしてあまりにも有名だが、その山の一角に今なお残り続けるのがここ黄金神社である。

当時、鉱山を手に入れた日本の久原鉱業（後の日本鉱業、JX金属）が明治時代に建てた神社がルーツで、現在の遺跡は昭和十一年に改築されたものだという。現在も財運アップのパワースポットとして人気があるようで、参拝者による付近へのお賽銭なども散見された。

本殿跡まで続く、こう配の激しい参道は体力に自信がある人でないとお薦めできないが、しかし日台の歴史に触れられる重要な古跡であるには違いない。近隣散策とセットで巡ると良いと思うが、できるだけゆったり時間をとって行ってみて欲しい。

【MAP】
P162／F＋2

- 宗教…神道
- 神…現在はなし
- アクセス…台北 MRT（松山新店線）・「北門」より、臺北客運バス・965番金瓜石行きに乗り、約1時間25分の「金瓜石（黄金博物館）」下車、南へ徒歩約13分。黄金博物館の敷地内の山にある。

▲もともとは名士が所有していた屋敷が神社となり、日本撤収後に忠順廟へと転じられた。見にくいが、写真奥には一対の狛犬がおり、神社の名残りを感じさせる。

▲日本統治時代から続く鳥居は、現在も大切に保存され塗装が繰り返されている。

▲コンクリート建築へと変わった忠順廟。

パワースポット

015

神社の名残りが随所にある廟

汐止忠順廟《シーヂーヂォンシュンミィァォ》（汐止神社遺跡《シーヂーシェンショァイージー》）

― Xizhi Zhongshunmiao (Xizhishenshe Yiji) ―

新北市汐止區公園路10號

【MAP】

P162／E＋2

●宗教…道教／仏教

●神…保儀大夫／釈迦ほか

●アクセス…台鉄「台北駅」より、區間車（普通）基隆行きに乗り、約20分の「汐止駅」下車、北西へ徒歩約7分。

台北から在来線で約二十分の汐止駅を下車。北側の汐止公園の入口に真っ赤な鳥居がある。これをくぐり、さらに進んで行くと汐止神社跡の忠順廟がある。

一九三七年に神社として建てられたが、戦後に忠順廟に転じられたという。ただし、廟内には狛犬などの神社の痕跡も随所にあるため、結果的に廟と神社をミックスしたような印象を与えている。

▲本殿があったであろう小さな丘。

▲二基残る鳥居のうちの一つの大鳥居。朽ち果てながらも残る鳥居を見れば、日本人の多くが感動するはずだろう。

パワースポット

016

出自不明の川沿いの神社跡

猴硐神社遺跡《ホウドンシェンショァイージー》

― Houdongshenshe Yiji ―

新北市瑞芳區猴硐路61號

【MAP】

P162／F＋2

●宗教…神道

●神…現在はなし

●アクセス…台鉄「台北駅」より、莒光号（急行）台東行きに乗り、約60分の「猴硐駅」下車、北東へ徒歩約4分。

新北・猴硐エリアの基隆河沿いにある神社跡。一九三四年創建という説があるが、詳細を名言化した文献を筆者は見たことがなく、管理する新北市も明らかにしていない。つまり出自不明だが、その無名な神社遺跡が、この地で残り続けることは奇跡と言えるかもしれない。

しかし、二基残る鳥居のうち、木製のものはグラついており、壊れたら二度と復旧されないのではないかと心配に思った。

▲忠烈祠に著しい神社の痕跡は見当たらないが、その遺物は仙洞公園のほうに移設されているようだ。

▲廟内は手入れが行き届いている。取材時は朝方だったため、ウォーキングする人やゲートボールをする人が複数いた。

パワースポット

017

旧神社跡となった忠烈祠

新北市忠烈祠《シンペイスーチォンリィエツー》（淡水神社遺跡《ダンシゥイシェンシェァイージー》）

― Xinpeishi Zhongliеci（Danshuishenshe Yiji）―

新北市淡水區中正路一段6巷31號

国民党軍の英霊を祀る忠烈祠は台湾各地にあるが、日本統治時代の神社を改装したものが多い。ここ淡水の新北市忠烈祠も然りで、かつて明治天皇を祀っていた淡水神社を忠烈祠に転じたものである。

忠烈祠そのものに神社の面影は見られないが、裏手にある仙洞公園に灯籠や手水舎などが一部残されている。景色の良いエリアなので散策も兼ねて巡ると良いだろう。

【MAP】

P163／C＋1

●**宗教**…なし（英霊を祀る）
●**神**…鄭成功、英霊ほか
●**アクセス**…台北MRT（淡水信義線）「淡水」より、三重客運バス・857番淡海行きに乗り、約24分の「滬尾砲台（忠烈祠球場）」下車、北へ徒歩約14分。

▲小さな廟だが、蒋介石像が祀られているため、その名は台湾全土に知られている。

▲どことなく笑顔にも見える蒋介石像（蒋公神像）。蒋介石の神御衣は定期的に変えられているようだ。

パワースポット

018

蒋介石を神とする数少ない廟の一つ

魁星宮《クゥイシンゴン》（蒋公王爺《ジャンゴンワンミィェ》）

― Kuixinggong（Jianggongwangye）―

新北市淡水區中正東路二段5巷

戦後、台湾を統治することになった蒋介石率いる中華民国。しかし、その恐怖政治により、台湾人の中には、忌み嫌う人が多いこともまた事実である。

現在、蒋介石を神として祀る廟は台湾全土で四つと言われているが（本書では三つ紹介）、そのうちの一つがここ。道教の神々と肩を並べて蒋介石が鎮座している。好意的に思われないことが多い蒋介石が、〝神〟と崇められる希有な例だ。

【MAP】

P163／C＋2

●**宗教**…民間信仰／道教
●**神**…蒋公神ほか
●**アクセス**…台北MRT（淡水信義線）・「台北駅」より、約50分の「紅樹林」下車、北へ徒歩約12分。

▲酒を愛するがあまり、貧しくなったという済公活の巨大像。

▲山間の土地を切り開いて作られた本殿までの参道はクネクネしている。済公活の物語が壁画で表現されている。

パワースポット

019

貧しくも陽気な済公活仏

行徳慈恵堂《ハンドァツーフゥイタン》 ― Hangde Cihuitang ―

新北市石碇區潭邊村2鄰18之3號

【MAP】

P162／E＋3

●**宗教**…道教
●**神**…済公活ほか
●**アクセス**…台北MRT（文湖線）で「木柵」下車。欣欣客運バス・666番烏塗窟行きに乗り、約55分の「外按橋」下車、西へ徒歩約12分。

道教の代表的な神の一つ、済公活。戒律を超越し、酒や肉を愛するがあまり貧乏になったというが、その逸話は、自由を好む台湾人の間で人気がある。済公活を祀る廟は台湾各地にあるが、その一つがここ行徳慈恵堂である。

入口に鎮座する巨大な済公活像は、その伝説通り、靴には穴が開いていたりと貧しそうだが、陽気に人々に勇気を与えている。

▲定例の礼拝日に合唱コンクールを行う信徒の皆さん。穏やかで楽しい雰囲気だった。

▲中華式建築の教会。礼拝堂手前にある二つの塔は、どことなく道教の牌楼（門）の雰囲気もある。

パワースポット

020

中華様式のキリスト教会

中華殉道聖人朝聖地《ヂォンホァシュンダオシァンレンチャオシァンディ》 ― Zhonghuaxundaoshengrenchaoshengdi ―

新北市板橋區南雅西二段25號

【MAP】

P163／D＋3

●**宗教**…キリスト教
●**神**…イエス・キリスト
●**アクセス**…台北MRT（板南線）・「台北駅」より、約22分の「府中」下車。西へ徒歩約9分。または「台北駅」付近よりタクシーで約20分。

台湾のキリスト教は、世界のそれと同じく基督教（プロテスタント）、天主教（カトリック）二大宗教がある。天主教のほうが中華様式の聖殿が多いが、この中華殉道聖人朝聖地もその一つ。写真の通り、赤と緑を基調とした宮殿のような教会となっている。

定例の礼拝日には大勢の信徒が訪れ賛美歌を歌う。かしこまった雰囲気というより、明るく穏やかな空気に包まれている。

▲本殿。お参りする際は、普通の廟以上に真摯な気持ちで。

▲十八王公廟（P10）や土城義塚大墓公（P17）も陰廟だが、それらとは比べられぬほど、重い空気に包まれている。

パワースポット

021

孤独な悪霊を祀る〃陰廟〃の代表格

姑娘廟《グゥニィァンミィァオ》 ― Guniangmiao ―

新北市石碇區大湖格22之1號

【MAP】P162／E＋3

●宗教…民間信仰／道教
●神…姑娘、魏扁
●アクセス…台北MRT（文湖線）「木柵」下車。臺北客運バス・795番十分寮行きに乗り、約1時間25分の「姑娘廟」下車すぐ。

廟は神々からのご加護を受けるためにあるが、一部には悪霊を鎮魂する〃陰廟〃もある。陰廟には悪霊がいるため興味本位で行くのは御法度。また、参拝した後良いことがあった際はお礼参りをしないといけないと言われている。

その陰廟の代表がここ。未婚で亡くなった少女を鎮魂しているため、カップルや夫婦での参拝は良くないとも言われている。

パワースポット

022

虎の神様が金運向上へと導く

石碇虎爺公廟《シーディンフゥイエゴンミィァオ》 ― Shiding Huyegong Miao ―

新北市石碇區潭邊里外按5之2號

四川省にルーツを持つ一九九一年創建の廟で主神は虎爺。この他にも大小様々な虎の像、そして済公活や地獄王菩薩といった有名な神々が、LED照明を浴びながら鎮座している。

財運向上に効果があるとのことで、廟内は金色が多く賑やかである。

【MAP】P162／E＋3

●宗教…道教　●神…虎爺ほか
●アクセス…台北MRT「木柵」より、欣欣客運バスに乗り、約55分の「外按橋」下車、徒歩約20分。

パワースポット

023

個人情報のデータ登録で財運アップ

石碇五路財神廟《シーディンウールーツァイシェンミィァオ》 ― Shiding Wulu Caishen Miao ―

新北市石碇區永定村大湖路20之1號

一九九八年創建でその名の通り主に財運向上に霊験あらたかな廟。廟内のあちこちに、元寶のモチーフがある。

ポエ占い（P58）で聖杯が出た後、神棚に個人情報のデータを登録しておくと、神様のご加護が受けられ財運がアップすると言われている。

【MAP】P162／E＋3

●宗教…道教　●神…五路財神ほか
●アクセス…台北MRT「木柵」より、臺北客運バスに乗り、1時間25分の「姑娘廟」下車、徒歩約4分。

▲神として祀られる巨岩。近くだとなかなか認識しにくいものの、カエルに見えるという。

▲入口では、巨岩の前で金色の蛙にまたがった財神童子がお出迎え。

パワースポット

024

動物のカタチの三つの巨岩を祀る

石碇元寶山仙石府《シーディンユェンバオシャンシィェンシーフゥ》 ― Shiding Yuanbaoshan Xianshifu ―

新北市石碇區靜安路一段352號

中国王朝の伝説の道士・劉海蟾が主神として祀られているが、この他カエルに見える巨岩、ライオンに見える巨岩、象に見える巨岩の三巨岩も鎮座する廟。いずれの巨岩も「人々を救うことを喜びとしている」とされ、これまで多くの人々の財運、健康をサポートしてきたという。

信仰者からの供物は、宅急便での受け付けも行うという柔軟な廟でもある。

【MAP】P162／E＋3

●宗教…道教
●神…劉海蟾ほか
●アクセス…台北MRT（文湖線）「木柵」下車。臺北客運バス・795番十分寮行きに乗り、約1時間25分の「姑娘廟」下車すぐ。

パワースポット

025

無骨な弥勒菩薩が微笑む

崇聖廟《チョンシァンミャオ》 ― Chongshengmiao ―

新北市石碇區中民里14鄰石碇子埔91號

日本の七福神の一柱、布袋さまのルーツ・弥勒菩薩は台湾各地に鎮座しているが、こちらもその一つ。

小さな寺だが、創建は一九五四年。廟の入口では無骨な弥勒菩薩が微笑みながら交通安全、人々の健康などを見守っている。

【MAP】P162／E＋3

●宗教…仏教　●神…弥勒菩薩、釈迦ほか
●アクセス…台北MRT「木柵」より、欣欣客運バスに乗り、約1時間の「孔子廟」下車すぐ。

パワースポット

026

指定古跡になった伝統建築廟

三峡宰樞廟《サンシァザイシュウミィァォ》 ― Sanxia Zaishumiao ―

新北市三峡區秀川里秀川街28號

創建から実に二百四十年もの歴史を持つ廟。泥と米ぬかを使った壁、中庭の構成などの全てが、清朝の伝統的な技法、様式に基づいている。

漢族移民の歴史を感じることもできるため、参拝者だけでなく歴史研究者や歴史ファンも多く訪れるようだ。

【MAP】P163／C＋3

●宗教…道教　●神…玄天上帝ほか
●アクセス…台鉄「板橋駅」より、臺北客運バスに乗り、約40分の「三峡老街（復興路）」下車、南西へ徒歩約4分。

パワースポット

027

北台湾最大の修行道場

霊鷲山無生道場《リンジゥシァンウーシァンダオチャン》 | Lingjioushan Wusheng Daochang |

新北市貢寮區福連里香蘭街7之1號

太平洋を望む東北角エリアにある広大な修行道場。〝開眼〟を意味する門（写真右）をくぐると、道場入口付近には巨大な観音像が鎮座している。

敷地内には無生、観音、普賢、地蔵の四大名山の道場があり、いずれも仏教徒の神聖な修行の場となっている。

【MAP】P162／G＋3

●宗教…仏教　●神…富貴金仏ほか

●アクセス…台鉄「台北駅」より、自強號で約55分の「福隆駅」下車。タクシーで東へ約15分。

パワースポット

028

各地の仏教を取り入れた聖殿

霊鷲山聖山寺《リンジゥシァンシァンシァンスー》 | Lingjiushan Shengshansi |

新北市貢寮區東興街30之1號

東日本大震災の際は支援に尽力したことで、日本人仏教徒にもよく知られる寺。

霊鷲山の一角にあるが、台湾で一般的な仏教寺とはやや異なり、古代インド、南方、チベットなどの建築要素を取り入れている。その美しさに魅せられ、観光客も多く訪れる。

【MAP】P162／G＋3

●宗教…仏教　●神…無生菩薩ほか

●アクセス…台鉄「台北駅」より、自強號で約55分の「福隆駅」下車。タクシーで東へ約10分。

パワースポット

029

犬小屋を改造した手作り廟

木柵万聖公《ムゥツァーワンシァンゴン》 | Muzha Wanshenggong |

台北市文山區木柵路四段21巷14號

▲案内してくれた俊宇くん（左）と犬小屋廟を比べれば、大きさをわかっていただけよう。

【MAP】

P164／G＋5

●宗教…道教

●神…万聖公ほか

●アクセス…台北MRT（淡水信義線）・「台北駅」より、約9分の「大安」で文湖線に乗り継ぎ、「木柵」下車。木柵路四段111巷／木柵路四段を南に進む。徒歩約9分。

本書の参考文献の一つに『寄生之廟』（P158）という台湾発行の本がある。地域にとけこむ廟を集めた本だが、同書で知ったのがこの〝犬小屋廟〟である。

日本で言うところの無縁仏が祀られているが、台湾で販売されている大型犬用の犬小屋を赤く塗り、廟として改造している。台湾の地方では土地公などを祀る〝ミニ廟〟を数多く目にするが、犬小屋を廟に転じた例を筆者はここ以外に見たことがない。

▲廟の内部には、位牌がある。

パワースポット

030

さりげなく街中に佇むエレベーター型廟

永康四面仏《ヨンカンスーミィエンフォー》

Yongkang Simiangfo

台北市大安區信義路二段222號

▲エレベーター型廟では、四面仏の表情がわかるよう、ケースの中は電動でクルクル回る構造となっている。左の写真前方は、祈願のお守りが無数に結ばれている様子。

台北市内の普通の町中に、突如現れるエレベーター型廟。祀られているのはタイの四面仏で、ケースの中で宗教音楽に合わせてクルクル回っている。

廟を管理する林さんという人は、この四面仏とタイで出会い感銘を受け、台湾招致に至ったという。限られた創建費用でこのような小さなスペースしか借りることができなかったようだが、それでも三十万元（日本円で約百二十万円）の投資をし、毎月家賃を払いながら運営しているという。

恋愛成就などに効果があると言われ、廟の向いには祈願の手紙が溢れんばかりに結ばれている。

肝心の、廟がエレベーターのように上下階へと移動するかどうかだが、これは固定されているもの。各階を四面仏が行き来するわけではない。

【MAP】
P164／F＋4

●宗教…仏教
●神…四面仏
●アクセス…台北MRT（淡水信義線）・「台北駅」より、約6分の「東門」下車。信義路二段を東へ徒歩約3分。

▲礼拝堂内部。椅子はもちろんないが、扇風機が沢山設置されていた。優しく合理的な台湾らしさを感じる。

▲イスラム建築、中華宮殿建築が融合した美しい聖殿だ。

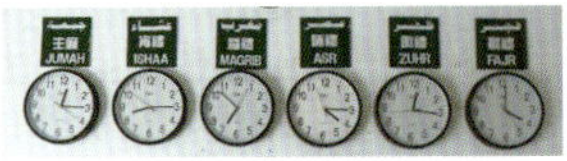

▲イスラム諸国の各都市の時間を表す時計も。

パワースポット

031

台湾では珍しいイスラム教モスク

台北清真寺《タイペイチンジェンスー》 ｜Taipei Qinzhengsi｜

台北市大安區新生南路二段62號

【MAP】P164／F＋4

● **宗教**…イスラム教
● **神**…アッラーフ
● **アクセス**…台北 MRT（淡水信義線）・「台北駅」より、約8分の「大安森林公園」下車。南側の出口2（新生南路二段）を出て、新生南路二段を直進する。徒歩約10分。

〝寺〟とあるが、台湾初のモスクであり、イスラム諸国の要人が来訪した際は交流の場にもなる聖殿。イスラム教徒たちの募金によって創建されたもので、設計は中正記念堂や圓山大飯店なども手掛けた楊卓成さん。伝統的なイスラム建築技法に加え、楊さんが得意とする中華宮殿建築の技術も用いられている。

毎週金曜日はアル・ジュムアという合同礼拝がある。

パワースポット

032

ピラミッド型のキリスト教会

聖母無原罪司教座堂《シァンムゥウーユェンズイスージャオヅゥオタン》 ｜Shengmuwuyuanzuisijiaozuotang｜

台北市民生西路245號

一九〇五年創建の、台北で最も古い歴史を持つ天主堂。戦時中には空爆などの被害を受け改築を余儀なくされたようだが、後に現在のようなピラミッド型の教会に至ったという。

幼稚園、中学校なども併設し、キリストの教えを伝承し続けている。

【MAP】P164／F＋3

● **宗教**…キリスト教　● **神**…イエス・キリスト
● **アクセス**…台鉄「台北駅」より、首都客運バス・539番三重行きに乗り、約8分の「静修女中」下車すぐ。

パワースポット

033

〝学問の神〟として知られる孔子廟

台北孔子廟《タイペイコンズーミィアォ》 ｜Taipei Kongzimiao｜

台北市大龍街275號

〝学問の神〟として知られ、儒教の創始者でもある孔子を祀る一八七九年創建の廟。道教とは趣きが異なる屋根、柱、廟内の橋の造形などは実に荘厳である。

台北観光の名所の一つでもあることから、廟内には、丁寧な日本語の案内があるのも有り難い。

【MAP】P164／F＋3

● **宗教**…儒教　● **神**…孔子
● **アクセス**…台北 MRT（淡水信義線）・「台北駅」より、約7分の「圓山」下車、北西へ徒歩約6分。

パワースポット

034

日本人が建設したキリスト教会

中山基督長老教会《チォンシャンジードゥチャンラオジャオフゥイ》 | Zhongshan Jiduchanglaojiaohui |

台北市林森北路62號

一九三七年、日本人によって建てられた長安東路沿いにある三階建ての長老教会。

黒と白のコントラストが美しい聖殿で、高所から見ると、屋根が十字架の形をしている。この時代にして細部までこだわって作られたことが伝わってくる。

【MAP】P164／F＋4

●**宗教**…キリスト教　●**神**…イエス・キリスト

●**アクセス**…台鉄「台北駅」より、指南客運バス・202番に乗り、「長安東路一段」下車、東へ徒歩約2分。

パワースポット

035

中山教会の向かいの天主堂

長安天主堂《チャンアンティエンチュタン》 | Changan Tianzhutang |

台北市林森北路73號

右の中山基督長老教会から長安東路を挟んだ向かいにある天主堂。プロテスタント、カトリックの宗教の違いはあるが、双方仲良く存在している。

こちらは日本が去った後の一九四九年創建で、箱形ではあるが、随所に中華式の紋様が施されている。

【MAP】P164／F＋4

●**宗教**…キリスト教　●**神**…イエス・キリスト

●**アクセス**…台鉄「台北駅」より、指南客運バス・202番に乗り、「長安東路一段」下車、東へ徒歩約2分。

パワースポット

036

日本統治時代創建の曹洞宗の寺

東和禪寺《ドンフゥーチャンスー》 | Donghechansi |

台北市中正區仁愛路一段21之33號

▲荘厳な拝殿の中に鎮座する釈迦如来像。この他、庭園には日本でも馴染みが深い地蔵菩薩などもある。

【MAP】

P164／F＋4

●**宗教**…仏教

●**神**…釈迦

●**アクセス**…台鉄「台北駅」より、大都會客運バス・和平幹線に乗り、約6分の「仁愛林森路口」下車、東へ徒歩約3分。

旧名〝曹洞宗大本山台北別院〟。日本統治時代、在台日本人の曹洞宗信徒のために創設された寺で一九一〇年に入仏、一九一四年に観音禅堂が開かれている。

戦後一時廃寺となったが、後に〝東和禪寺〟と名を変えた。また、一九九三年に本堂が撤去された後は、観音禅堂が寺院として継承している。寺内には日本仏教らしく、地蔵菩薩や鐘などもある。

▲1993年、本堂が撤去された後、寺院としては観音禅堂が東和禅寺を継承することになった。

パワースポット

037

川の水位が上昇した際建物ごと上昇する廟

士林天徳宮《シリンティエンドァゴン》

― Shilin Tiandegongn ―

台北市士林區三脚渡擺渡口

▲一見では、廟の四方に建つ柱の意味を推測しにくいが、水位上昇の際はこの四柱をつたって廟そのものを上昇させ、浸水を防ぐという仕組みだ。

▲近隣にある川の水位を表す指標。

▲廟内で大切に祀られている神々。

台湾で最も有名な夜市があることで知られる士林。夜市があるエリアから徒歩圏内の基隆河沿いに、建物自体が上下に動くことができるという小さな廟がある。

界隈は川の水位が上がりやすく、ときに洪水になることがあるという。そのため、水位上昇が予測される際には、専用のボタンを押しモーターを稼動させ、最高七メートルまで廟そのものを上昇させるのだという。単純ではあるが、大胆かつ画期的な構造である。

祀られているのは福徳正神などの、道教廟ではよく見かける神々だが、廟を管理する人の神々に対する思い、アイデア、労力には感心させられる。近年、この独特の構造は台北市の廟方管理委員会も認めるところとなり、〝装置芸術〟として評価されているようだ。

【MAP】
P164 ／ F＋3

- 宗教…道教
- 神…福徳正神ほか
- アクセス…台北MRT（淡水信義線）・「台北駅」より、約11分の「劍潭」下車。南側の出口2（基河路）を出て、劍潭路を西へ。さらに通河街323巷も進む。徒歩約15分。

パワースポット

038

台北の山の中で残り続ける神社跡

圓山水神社《ユエンシャンシュイシェンショア》 ｜Yuanshan Shuishenshe｜

台北市士林區中山北路五段82之1號

▲有名な士林夜市エリアから徒歩圏内の小さな森の奥にある。静かに残り続ける神社跡との対面に、筆者は感動を覚えた。

▲社殿はすでにないが、後から設置されたのであろう小さな祠がある。地元の人たちが今日も大切に神社跡を守り続けているようだ。

MRT剣潭駅の東側にある剣潭山の森の中にある小さな神社跡。水道局の脇道より参道を登ると貯水地古跡の右奥のあたりに表札、狛犬、石灯籠が残っている。神社の正確な創建年や出自は不明だが、森の奥での神社跡との出会いは実に感慨深いものがある。

ただし、界隈は野犬やヘビが出るという警告看板もある。明るい時間帯の、複数の人での参拝が賢明だ。

【MAP】
P164／F＋3

●宗教…神道
●神…現在はなし
●アクセス…台北MRT（淡水信義線）・「台北駅」より、約11分の「剣潭」下車。南側の出口2（基河路）を出て、東へ徒歩約5分。

パワースポット

039

日本統治時代の寺が広場として再生

西本願寺広場《シーベンユェンスーグァンチャン》 ｜Xibenyuansi Guangshang｜

台北市萬華區中華路一段174之176號

一九一二年、日本の浄土真宗本願寺派が別院として建てた日本式の寺跡。台北市行政の再利用活性化により、往時の建築をできるだけ残しながら、広場に生まれ変わった。

〝台北の原宿〟と言われる西門町界隈にあるため、この〝寺広場〟に若者も多く訪れるようだ。

【MAP】P164／F＋4

●宗教…仏教　●神…なし
●アクセス…台北MRT（板南線）・「台北駅」より、約3分の「西門」下車、南へ徒歩約3分。

パワースポット

040

二つの鳥居が仲良く佇む

林森公園《リンセンゴンユェン》 ｜Linsen Gongyuan｜

台北市中山區南京東路一段88號

かつて日本人墓地だった公園。戦後不法占拠が続いていたが、後に鳥居や要人の墓を発掘。

これらは一時移設されていたが、二〇一〇年、有志によりこの地に戻された。第七代台湾総督・明石元二郎さんと秘書の鎌田正威さんを象徴する二つの鳥居が建っている。

【MAP】P164／F＋3

●宗教…神道　●神…なし
●アクセス…台鉄「台北駅」より、臺北市公車バスに乗り、約12分の「南京建國路口」下車、東へ徒歩約2分。

パワースポット

041

台湾を代表するパワースポット

龍山寺《ロンシャンスー》｜Longshansi｜
台北市萬華區廣州街211號

一七三八年創建の台湾を代表する寺。主神は観音菩薩だが、道教、儒教も混在し、多くの宗教の参拝者に対応している。

平安、健康、学業、恋愛、財など、あらゆる分野に霊験あらたかな神々が百以上も鎮座。どんな悩みも解決してくれる台湾屈指のパワースポットだ。

【MAP】P164／F＋4

●宗教…道教／儒教／仏教　●神…観音菩薩、孔子ほか
●アクセス…台北MRT（板南線）・「台北駅」より、約6分の「龍山寺」下車、北へ徒歩約3分。

パワースポット

042

慈愛に満ちた神々からの恩恵を

松山慈恵堂《ソンシャンツーフゥイタン》｜Songshan Cihuitang｜
台北市信義區福徳街251巷33號

松山エリアの福寿山にある巨大廟。女神の最高位・西王母が祀られているため出産、婚姻などの女性の悩みを解決することでよく知られている。

ただし、他にも神々は多く、道教仏教合わせて百以上が鎮座。老若男女問わず参拝することができる。

【MAP】P164／G＋4

●宗教…道教／仏教　●神…瑤池金母ほか
●アクセス…台北MRT（板南線）・「台北駅」より、約15分の「後山埤」下車、徒歩約15分。

パワースポット

043

公園の片隅に残る小さな鳥居

陽明公園《ヤンミンゴンユエン》（清瀧神社遺跡《チンロンシェンシェァイージー》）｜Yangming Gongyuan（Qinglongshenshe Yiji）｜
台北市北投區湖山路二段26號

▲緑が多く、夏場の散歩も涼しげな陽明公園の片隅に、山本さんが立てた鳥居が残っている。

▲園内にある儒教の開拓者・王陽明像の後方のエリアに鳥居がある。

【MAP】P164／F＋1

●宗教…神道
●神…現在はなし
●アクセス…台北MRT（淡水信義線）・「台北駅」より、約21分の「石牌站」下車。大南汽車客運バス・小8番竹子湖行きに乗り、約40分の「湖山路二段」下車、北へ徒歩約4分。

休日は多くの台湾人観光客で賑わう陽明公園。ここは日本統治時代に炭坑会社を営んでいた山本義信さんが建設した〝羽衣園〟がルーツである。

炭坑で命を落とす人をお祓いするため、一九三六年、同公園内に清瀧神社を創建。現在、神社跡の大半は残っていないものの、鳥居だけはしっかりと鎮座している。公園の散策と併せて見学すると良いだろう。

パワースポット

044

中央分離帯を兼ねた地下廟

風《フォン》動《ドン》石《シー》聖《シァン》公《ゴン》廟《ミィアォ》 ― Fengdongshi Shenggongmiao ―

台北市文山區博嘉里木柵路五段

▲台北市内には中央分離帯がバス停を兼ねる場所は数多くあるが、廟になったケースは稀である。

▲もともと平地に鎮座していた巨岩だが、道路開通後は高低差の事情から、地下に降りるような格好になったという。

【MAP】

P164／G＋4

●宗教…道教

●神…石頭公ほか

●アクセス…台北MRT（板南線）・「台北駅」より、約12分の「市政府」下車。指南客運バス・912番に乗り、約10分の「風動石」下車。木柵路五段を北東に進む。徒歩約3分。

お茶や動物園が有名な木柵エリアにある道路の中央分離帯を兼ねた廟。主神は直径約六メートルの巨岩である。

今から百年以上前、強い風が吹いた際、山から降ってきた巨岩を祀るようになったようだ。しかし、後に開通した道路は、廟よりも高い位置にあったため、巨岩自体を動かさず、道路側から地下に降りる構造とし、そのまま祀り続けているという。

パワースポット

045

四面千手観音が導く婚姻パワー

照《チャオ》明《ミン》淨《ジン》寺《スー》 ― Zhaomingjingsi ―

台北市北投區奇岩里崇仰七路51號

▲四面にわたって千手を広げる観音像。

▲温泉で有名な北投の山間にあり、寺の境内から町を見渡すことができる。

【MAP】

P164／F＋2

●宗教…仏教

●神…四面千手観音ほか

●アクセス…台北MRT「奇岩」下車。徒歩約12分の「公館華廈」バス停より、大南汽車バス・小14番（1日3便）に乗り、「照明寺」下車すぐ。または「北投」付近よりタクシーで20分。

仏教寺院としては珍しい尖塔型の聖殿。もともとは財の神様であり、この他にも様々な効果をもたらす四面千手観音が主神だが、この寺で特に霊験あらたかだと言われているのが婚姻や縁結びである。

かつてはこの四面千手観音と並び、織り姫と彦星も鎮座していたため、〝情人廟〟とも呼ばれていたという。恋愛にまつわるお願いごとがある方は行ってみると良いだろう。

▲高さ約22.5メートルの観音像。付近からは基隆港一帯を望むことができる。

▲大仏禅院には美しい千手観音も鎮座している。

パワースポット

046

台湾五大仏像の一つの観音像

中正公園《チォンジォンゴンユエン》（基隆神社遺跡《ジーロンシェンシェイージー》）

―Zhongzheng Gongyuan (Keelungshenshe Yiji)―

基隆市信義區壽山路

【MAP】

P165／C＋2

- **宗教**…仏教
- **神**…観音菩薩ほか
- **アクセス**…台鉄「台北駅」より、區間車（普通）基隆行きに乗り、約50分の「基隆駅」下車。台灣好行バス・T99番龍宮東岸線に乗り、約15分の「中正公園」下車すぐ。

日本統治時代、台湾八景に選ばれ、かつては基隆神社があった公園。全て散策するのであれば数時間は欲しいが、中でも必須で訪れたいのが最上部にあたる観音像がある広場である。

台湾五大仏像にも選ばれた観音像と、それを守る二つの巨大な獅子は見るだけで癒されるが、その背面の大仏禅院内にある弥勒菩薩も併せて参拝して欲しい。

▲日本統治時代の面影は極めて薄いが、かろうじて石灯籠が残っている。

▲芸術的評価も高い廟で、清朝時代には基隆八景の一つに選出されていたという。

パワースポット

047

フランス軍を追いやった老人を祀る

獅球嶺平安宮《シーチィウリンピンアンゴン》

―Shiqiuling Pingangong―

基隆市仁愛區獅球路48巷174之1號

【MAP】

P165／C＋3

- **宗教**…道教
- **神**…福徳正神ほか
- **アクセス**…台鉄「台北駅」より、區間車（普通）基隆行きに乗り、約38分の「三坑駅」下車。龍安街198巷・111巷／獅球路169巷／獅球路48巷／益壽路を進む。徒歩約20分。

基隆エリアには百以上の土地公廟があるが、中でも最古となる一七九六年創建の廟がここ獅球嶺平安宮だ。清仏戦争の際、フランス軍が獅球嶺砲台の占領を試みたが、杖を持った白髭の老人が撃退したという。この老人こそが土地公の化身だったと伝えられ、以来この廟では福徳正神と並んで祀られている。

長い歴史の中で幾度も改築されたようだが、日本統治時代に設置された石灯籠も残っている。

台湾の道教、仏教、儒教、一貫道とは何か

■宗教の多様性のトップ

本書の「はじめに」でも書いた通り、台湾の宗教の多様性は世界的に見ても稀であり、一説にはシンガポールと並んで、宗教の多様性指数トップの国と言われている。

多彩な宗教が存在する理由は、複雑な歴史を経てきていることと、多民族であること、そして、自分とは異なる他者の思想や意見をできる限り尊重する風潮があるため、当然あらゆる宗教にも寛容だからではないかと筆者は考えている。このことを紹介する前に、まず、台湾の民族史も含めて紹介したい。

台湾の民族史は、中国大陸からの移民が始まる十七世紀以前より居住・生活をしていた台湾原住民から始まる。原住民の信仰は、言い伝えに基づくアニミズムやシャーマニズムが多く、つまり「祖先と心を通わせる」「自然、地域に神が宿る」といった、祖先崇拝や自然信仰が主流である。樹木や岩などをシンボルとして崇めることはあっても、それを神格化、またはシンボリックに転じ、崇拝することはほぼ見られないため、〝宗教〟とは異なる、伝統的な慣習と言って良いだろう。

他方、台湾における〝宗教〟は、十七世紀以降、中国大陸より台湾島に入植した漢人たちによって浸透していったと言われている。当初は福建省出身者が大半で、彼らは観音信仰が多かったようだ。これは仏教から派生した民間信仰であり、仏教思想を指針にするというよりは、観音を偶像として信仰するものだったという。

また、漢人の伝統的な宗教として存在した道教は高尚な精神を持つ人物を神格化し崇めることが多いもの。一説には前述の観音への信仰も、道教的な慣習によって崇められていたのではないかと見る向きもある。

これが正しければ、そもそも台湾の道教は、その萌芽期より、すでに異なる宗教が混ぜ合わさって誕生したものだったようにも感じられる。

◀道教の開祖・老子。

■台湾の道教

前述の道教は、中国の伝統的な宗教の一つで、今日では多神教に属すると言われている。概念となる「道（ダオ、タオとも）」は、宇宙と人生の関わりを根源とし、〝道〟の字のうち、〝首〟に始まり、〝辶（しんにょう）〟で終わりを告げるというもの。この〝道〟をいく際、不老不死の薬を手に入れるための修行を重ね、仙人になることが理

想とされている。

しかし、この概念には一義的な見方がないとも言われている。そもそもの「仙人になることが理想」という神仙思想に加え、後述する老荘思想や陰陽五行説が流入しているため、明確に論ずれば、宗教学者の間でも大きく意見が分かれることがあるようだ。

道教の開祖は老子だが、一方で老子の本名も明確でない上、一個人ではなく複数の人物だったといったまことしやかな説もある。

ところで、前述の老荘思想とは、「無為自然の思想を持ち人為的な営みを嫌った」という、やはり伝説の思想家・荘子と老子の思想が合わさったもの。そして、宇宙の現象事物を陰と陽によって説明することができる二元論、木火土金水の五元素が万物の根源であるという五行説が合わさったものが陰陽五行説である。

このスピリチュアルな二つの思想、概念も道教に流入しているわけで、とにかく複雑であり、一概には言い切ることが難しい宗教なのである。

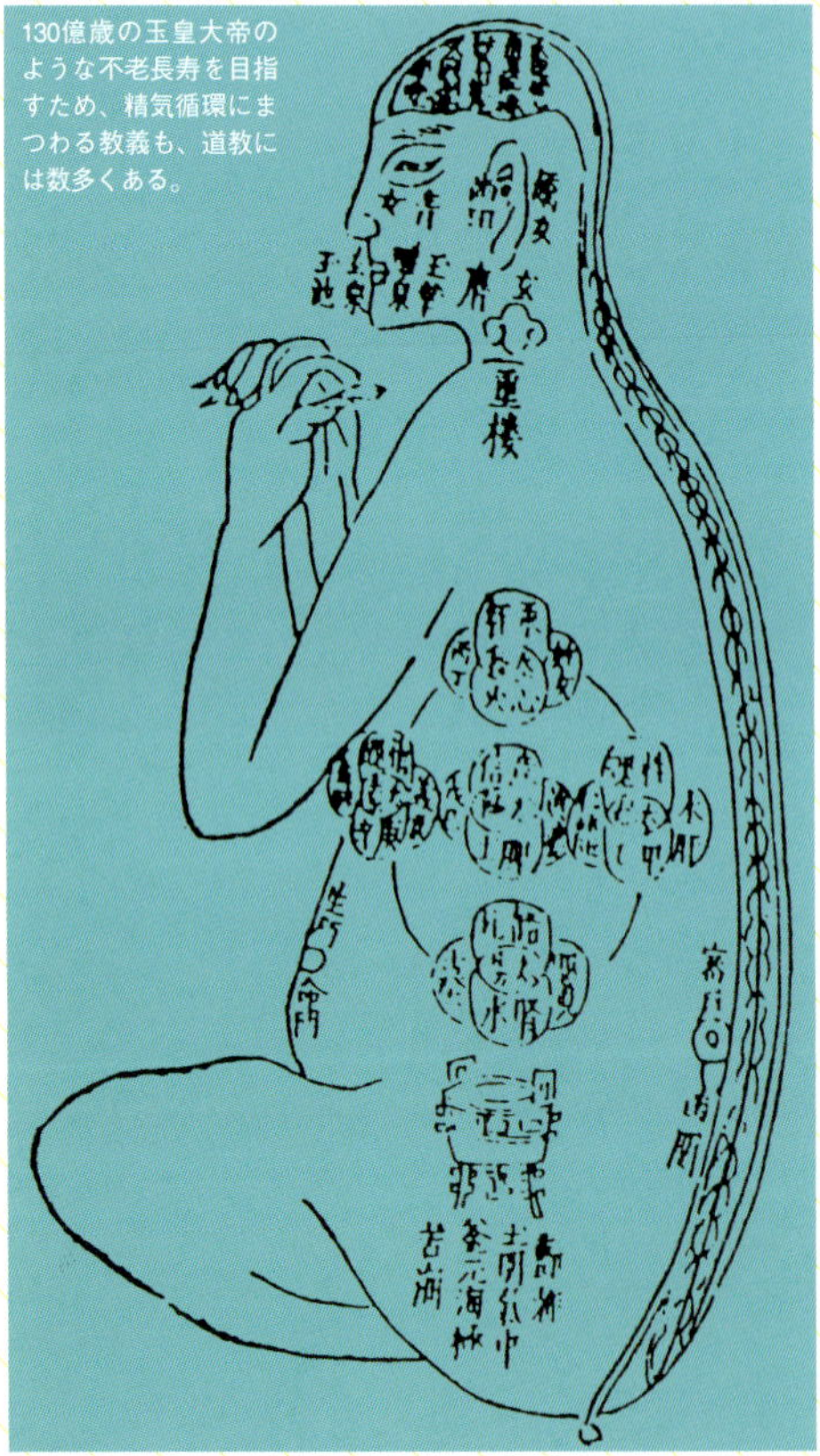
130億歳の玉皇大帝のような不老長寿を目指すため、精気循環にまつわる教義も、道教には数多くある。

百三十億歳の玉皇大帝

台湾の道教で神格化されているのは、まず最も位の高い玉皇大帝である。天界、人間界、神仙、鬼界はすべて玉皇大帝によって支配されていると言われ、一説にはその年齢が百三十億歳以上とも言われている。

道教で考えられる天界には、現実社会の官僚体制のような組織があるとされ、あらゆる神々はすべてこの玉皇大帝によって身分や位を定められているという。神像以上に尊い位であるため、天上界（空）そのものが玉皇大帝とされている。

台湾の道教の神々

台湾の道教では玉皇大帝を最高神としながらも、数多くの神々が存在する。

海の守護神である媽祖、商売の神様で三国時代の〝関羽〟関聖帝君、学問の神の文昌帝君、各地域を守る〝土地公〟と呼ばれる福徳正神（城隍神とも）、五穀豊穣の神様の神農大帝、婚姻の神様の月下老人など。

他にも数多くの神々がいるが、民間信仰では、ときに歴史上の伝説に基づく人物、動物、あるいは物質が神として崇められる場合もある。

　これら独特の信仰と、それに伴う聖殿と神々は、初めて目にするものが多いため実に興味深く感じるが、同時に理解することが難しい分野でもある。

台湾の仏教

　一方、台湾の仏教は、前述の観音信仰を発端とし、仏教の教義もわずかに流入していたようだが、本格的に浸透したのは日本統治時代以降と言われている。

　日本時統治代に日本神道が台湾にも導入され、いくつもの神社が鎮座した一方、日本の仏教宗教も布教を行い、教義を浸透させていった。特に影響力が強かったのは浄土真宗、曹洞宗、浄土宗などだったようだ。

　また、これとは異なるルーツの漢伝仏教もこの時代にしてすでにあり、抗日運動などを行う仏教徒も少ないながらも存在したようだ。

　戦後、日本は台湾から撤退し、中華民国が新しい統治国家となったが、以降、中国内の内戦から逃れて来た仏教徒も台湾に多く入植した。

　この時代からは、当初の観音信仰、日本仏教と併せて大乗仏教も融合し、台湾独自の仏教が多様化を極めていく。例えば、前述の道教と融合させた仏教もあれば、日本仏教もあれば、こういった混淆性を認めない正統な仏教もある。さらにタイやチベットから流入した仏教もある。

　これらのことで、台湾では一口に〝仏教〟といえど、寺院の建築様式は多様であり、教義も異なることが多く、やはり一概に捉えることができない。

台湾の儒教と一貫道

　二千年以上の歴史を持つ、孔子を始祖とする儒教は中華圏の絶大な信仰がある宗教だが、台湾で儒教だけを信仰する例はあまり見られず、よって儒教廟も限られており公園などと兼用されているケースが多く見受けられる。

　ただし、儒教が台湾で影響力がないかと言うとそうではない。そもそも儒教は中華圏の伝統的論理であることから、前述のような道教や民間信仰の教義にごく自然に融合されて伝来している。台湾においては、儒教そのものの宗教としての確立を見ればやや霞んで見えるが、様々な宗教と渾然一体となり、伝承されているのである。

　一方、日本人にとっては耳鳴れない、一貫道という宗教も台湾にある。戦後に台湾に伝来した大陸の宗教だが、これは道教の教義を中心としながらも仏教、儒教、キリスト教、イスラム教の教義も取り入れ、一つの宗教として確立させたものだ。

　大陸では邪教として弾圧を受け、信徒が殺害されることもあったようで、台湾に来た後も当初活動は秘密裏に行われていたようだが、一九八〇年代後半に台湾で正式に宗教法人として認められた。台湾では新興宗教の中で社会的地位を確立した一つとしてよく知られており、その信徒数は全人口の二%とも言われている。

多様性の影で……

　二代宗教を持つキリスト教も台湾での信徒は多いが、これは神道と併せてP125で紹介したい。また、イスラム教、バハーイー教、ヒンドゥー教、モルモン教、統一教会、天理教などの宗教も台湾では浸透している他、日本の新興宗教も現代の台湾では数多くの布教を行っている。

　このように台湾の宗教は実に多様化していることから、台湾内政部では近年、宗教施設を観光名所として浸透させようとする動きがあり、特に外国人観光客に人気があるようだ。

　一方、その宗教の多様性や融合にならい、イエス・キリストとアラーの像を一緒に祀り、海外の信徒から痛烈な批判を浴びるような〝誤解〟も稀に起きているようだ。もちろん、こういった場合でも悪意はなく、道教と同じような思いでの行いだと思うが、戒律の厳しい宗教から見れば、それ自体が禁忌にあたり、問題に発展するケースもままあるようだ。

第二章・桃園《タオユエン》・新竹《シンツー》・苗栗《ミャオリー》の聖殿と神々

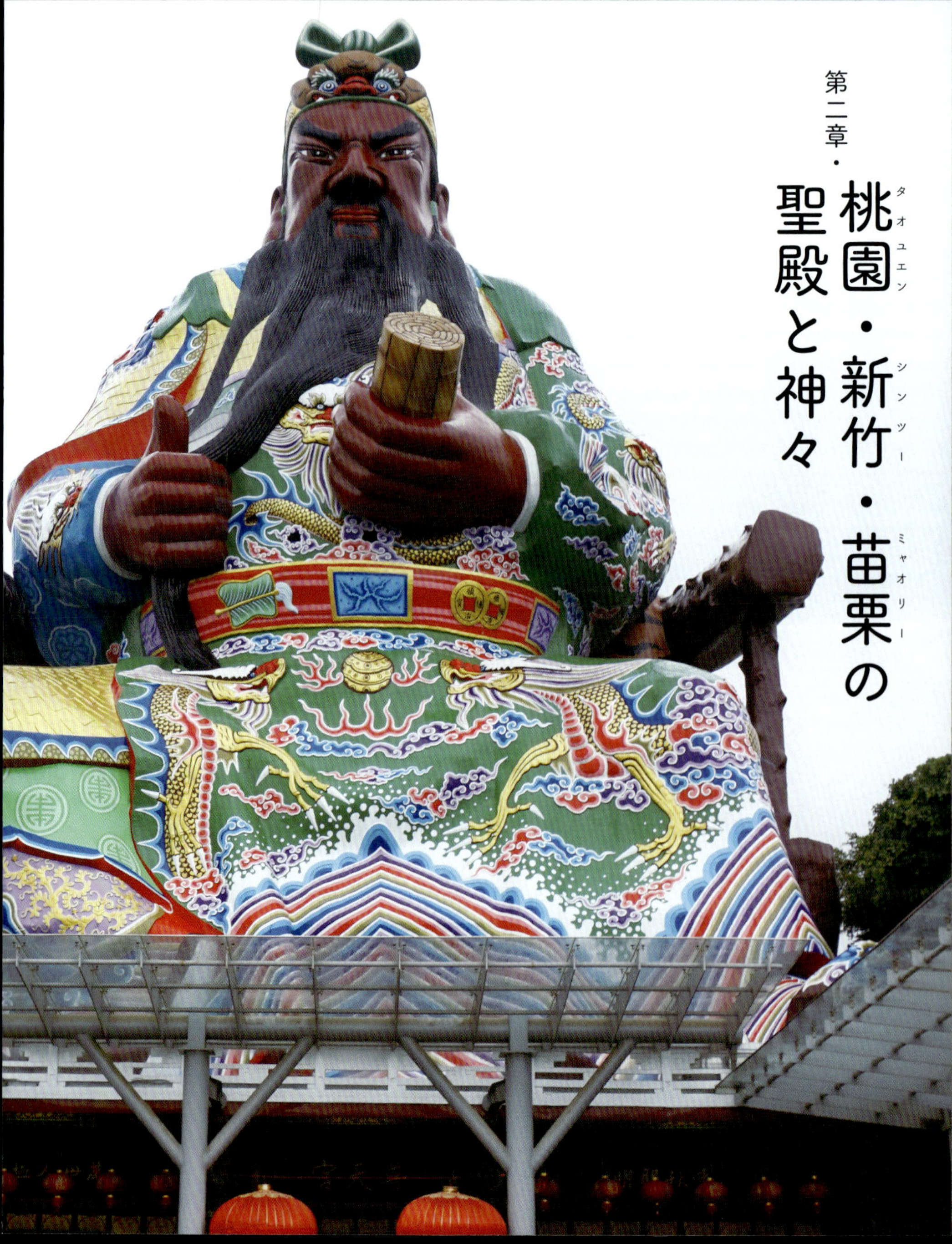

台湾イチの国際空港があることで、その名を世界に知られる桃園。空港からの移動時の車窓を見れば農村や工業地帯が多いため、旅行者にとっては一見、「通り過ぎるエリア」と思いがちだが、廟、寺院は多く、かなり特徴的なものも点在している。

　また、米粉の産地として、台湾のIT関連機器のメーカーの本拠地として、これまた世界に名だたる新竹。他県に比べ国民党支持者が比較的多いこともあり、独特の宗教観、思想、慣習があるエリアでもある。

　さらに、様々な農業が盛んな苗栗は、県内の山地が全体の八十%以上を占めるエリア。激しい交通網が張り巡らされ、ビル群が続く台北しか知らない人にとっては、苗栗の“豊かな自然”の前ではまるで別の国にいるかのように錯覚するかもしれない。霊性が高い山も複数あり、こういった場所には必ず廟や寺がある。

　この三エリアに共通するのは客家人が多く暮らしているということだ。宗教はそれぞれ異なりつつも地域の人々の強い信心により個性的なパワースポットが鎮座している。

パワースポット

048

泳ぐか船かでないと参拝に行けない廟

屢豊宮《リュフォンゴン》

―Lufenggong―

桃園市大溪區頭寮路傍

▲直接近付くことができないため、遠まきにしか拝むことができないという珍しい廟だ。

【MAP】

P166／G＋3

●**宗教**…道教

●**神**…福徳正神

●**アクセス**…台鉄「桃園駅」より、中壢客運バス・5301番上巴陵行きに乗り、約1時間35分の「頭寮」下車、南へ徒歩約20分。

▲拡大した図。廟を管理されている方は普段、小舟で廟まで通っているという。

国際空港がある桃園エリアも道教や仏教に基づく神々や聖殿が多いが、この廟を見たときは言葉を失った。新福圳というかんがい用貯水湖の真ん中に小島が設けられ、その真ん中に小さな廟が建っているのだが、湖の中にあるため遠まきにしか肝心の参拝ができない。

本来この廟は、別の場所に創建予定だったようだが、湖の建設中、重機がことごとく故障。「悪霊の仕業だ」と判断した関係者が、廟の建設地を変更。悪霊がいると思われる、この人口湖の真ん中に廟を建てたという。廟の中には福徳正神の小さな石像が鎮座しており、地域を悪霊から守り続けているようだ。

桃園は湿地が多く、池などの真ん中に廟を創建する例は、実は他にもあるようだ。しかし、本書紹介の様々な聖殿の中でも特に衝撃を受けた廟だったことを付け加えておきたい。

▲不均一に設置された蒋介石像。いずれも台湾全土の学校から撤去されたものだという。

パワースポット

049

蒋介石だらけで全然くつろげない公園

慈《ツー》湖《フゥ》紀《ジ》念《ニィエン》雕《ディァオ》塑《スウ》公《ゴン》園《ユエン》

― Cihu Jinian Diaosu Gongyuan ―

桃園市大溪區復興路一段1097號

【MAP】
P166 ／ G＋3

●**宗教**…なし

●**神**…なし

●**アクセス**…台鉄「桃園駅」より、桃園客運バス・5096番大溪行きに乗り、約1時間11分の「大溪總駅」下車。5109番高遶行きに乗り継ぎ、約30分の「慈湖」下車、東へ徒歩約5分。

▲巨大な蒋介石像もあるが、取材時は太もも部分が錆びてむき出しの状態となっていた。

パワースポットでもなく、聖殿でもないが、〝神になれなかった蒋介石が沢山いるアンチパワースポット〟という理由でこの公園も紹介したい。

戦後の台湾は、蒋介石率いる中華民国に統治され今日に至るが、同時に二二八事件に代表される白色テロや恐怖政治を経験することにもなった。この間、台湾全土の学校では、蒋介石を〝台湾の父〟〝台湾の神〟として崇めさせるような教育がなされ、校舎には蒋介石像が設置されたという。しかし、やがて民主化の波が訪れると、各校は蒋介石像を続々と撤去。不要となった像が、この公園に集められているというわけである。

宗教的な背景はないが、複雑な台湾の歴史を知るきっかけになる公園ではある。ただ、写真の通り全方位蒋介石がいるため、全然くつろぐことができないことだけは念押ししておきたい。

▶全方位蒋介石のため、全然くつろげない。

パワースポット

050

月と太陽の恩恵を心身に浴びる

三福宮八方財神土地總廟《サンフゥゴンバーファンツァイシェントゥーディゾンミャォ》 ｜Sanfugong Bafang Caishen Tudizongmiao｜

桃園市新屋區下田里9鄰三福一路52號

▲一般的な廟では見かけない神像も数多く鎮座している。

▲創始者は林さんという方で、独学で宇宙性を学び廟を創建したという。聖殿には日、月、星が掲げられている。

道教の概念は陰陽五行説とも深く混じり合っているが、特に宇宙性（日、月、星）のエネルギーを存分に受け止め、人々の生活や暮らしに効果をもたらしてくれるのが一九九二年創建のここ三福宮八方財神土地総廟である。

地域を守る土地公廟としての役割を果たす他、財運向上にも霊験あらたかだと言われ、熱狂的な信徒がいることで知られている。

【MAP】P166／F＋2

●宗教…道教

●神…中壇元帥ほか

●アクセス…台鉄「桃園駅」より、區間車（普通）苗栗行きに乗り、約11分の「中壢駅」下車。桃園客運バス・5030番に乗り、約1時間40分の「員笨」下車、北東へ徒歩約7分。

パワースポット

051

地域を守る五穀神農大帝

新屋長祥宮《シンウーチァンシィァンゴン》 ｜Xinwu Changxianggong｜

桃園市新屋區九斗里2鄰34號

桃園エリアきっての米どころであり、漁業も盛んな新屋。地域の収穫の安定を百年以上守り続ける新屋長祥宮は、地元の人たちにとっての信仰の中心だ。

主神は五穀神農大帝。写真の通り、大きな稲を抱えながらやや強面に天変地異と対峙する。

【MAP】P166／G＋2

●宗教…道教　●神…五穀神農大帝ほか

●アクセス…台鉄「楊梅駅」より新竹客運バスに乗り、「長祥宮（中華南路）」下車、北東へ徒歩約5分。

パワースポット

052

青銅製では世界最大の媽祖

新屋天后宮《シンウーティェンホウゴン》 ｜Xinwu Tianhougong｜

桃園縣新屋鄉笨港村2鄰10號

青銅製としては世界最大となる約三十メートルもの巨大媽祖像が鎮座する新屋天后宮。

右の新屋長祥宮同様、普段は安定した収穫を願う地元の人々の参拝が多いが、媽祖の誕生月の三月には盛大な祭が行われるため台湾全土にもその名が知られている。

【MAP】P166／F＋2

●宗教…道教　●神…媽祖ほか

●アクセス…台鉄「富岡駅」より桃園客運バスに乗り、約30分の「糠榔（笨港國小）」下車、北西へ徒歩約3分。

▲本殿の天井の高さは約7メートル。気持ち良い空間で参拝を行う。

▲関聖帝君が乗った財運が向上するという金のトンネル。

パワースポット

053

金だらけの超豪華な聖殿

桃園威天宮《タオユエンウェイティエンゴン》　｜Taoyuan Weitiangong｜

桃園市龜山區大坑路三段150巷6弄1號

桃園屈指の巨大礼拝寺院・桃園威天宮。風水によって建設された聖殿は風格があり、〝桃園の中台禅寺（P87）〟と呼ばれることもあるようだ。

主神は関聖帝君だが、この他に複数の神々が鎮座。中には独自の宗教思想に基づいたオリジナルの神様もいる。

財運アップの他、健康運、恋愛運にも効果があることで老若男女の参拝者が連日訪れているという。

【MAP】
P166／G＋2

●**宗教**…道教
●**神**…關聖帝君ほか
●**アクセス**…台鉄「台北駅」より、三重客運バス・1210番臺北市北門行きに乗り、「醫學大樓」下車。桃園客運バス・L316番大坑藍線に乗り、「愈健看護」下車、南へ徒歩約3分。

パワースポット

054

お礼の名刺が後を絶たない廟

八路武財神廟《パールーウーツァイシェンミィアォ》　｜Baluwucaishenmiao｜

桃園市新屋區笨港里文頂路20號

高雄出身の曾さんという人が、夢で見た八路武財神からのお告げにより二〇〇〇年に創建した廟。まだ二十年足らずの若い廟だが、特に財運向上に定評がある。お願いがかなった人たちは後に神々にお礼参りをし、壁に名刺を貼って帰って行くケースが多い。

【MAP】P166／F＋2

●**宗教**…道教　●**神**…開基八路天官武財神ほか
●**アクセス**…台鉄「富岡駅」より桃園客運バスに乗り、約42分の「李厝」下車、西へ徒歩約13分。

パワースポット

055

巨大な関聖帝君の座像が目印

古奇峰普天《グゥチーフォンプーティエ》**宮関帝廟**《ゴングァンディミィアォ》　｜Guqifeng Putiangong Guandimiao｜

新竹市高峰路306巷66號

全高約三十六メートルにも及ぶ強面の関聖帝君の座像がシンボルの関帝廟。一九六七年創建で、主神の関聖帝君の他にも道教、仏教、儒教に基づく様々な神々が鎮座する。新竹八景の一つとしても知られ、参拝者だけでなく観光客も多く訪れるようだ。

【MAP】P166／F＋3

●**宗教**…道教　●**神**…關聖帝君ほか
●**アクセス**…台鉄「新竹駅」より、台中客運バス・71番にに乗り、「普天宮」下車、徒歩約4分。

パワースポット

056

屋台街と廟が合体した新竹のランドマーク

新竹都城隍廟《シンツードゥチアンファンミィアオ》

Xinchu Dou Chenghuang Miao

新竹市中山路75號

▲本殿の前には肉圓（バーワン）屋台が出ており、周辺にも多く客家料理の屋台がある。

▲城隍廟エリアの門。内部はやや小ぶりなアーケード街と化しており、周囲もお土産物屋さんなどが軒を連ねている。

▲主神の城隍神の他にも道教、儒教、仏教に基づく複数の神々が鎮座している。

都市部の外周となる城壁と隍（堀）を守る城隍神。神格は高いわけではないが、地域の安全を守り、また死者を裁く裁判官的役割も果たしているため重要な神様であることには違いない。

台湾には各地に城隍廟が存在するが、最も有名なのはやはりここ新竹都城隍廟だろう。廟の本殿を囲むエリアの大半が客家料理の屋台であり、新竹観光の筆頭スポットとなっている。つまり、切実な参拝者のすぐ脇では地元住民、観光客などがワイワイ食事をしている状態である。金山の金包里廣安宮（P20）も併設された鴨肉食堂があるが、無数の屋台が廟と合体しているという意味では唯一無二の聖殿と言って良いだろう。

廟そのものの歴史は古く、創建は一七五六年。町よりも先に城隍廟が出来、その周辺に町が形成されていった希有な例でもあるという。

【MAP】
P166 ／ F +3

- 宗教…道教
- 神…城隍神ほか
- アクセス…台鉄「新竹駅」より、北西に向かって中華路二段／林森路／武昌街／中央路に進む。徒歩約10分。

パワースポット

057

二つの聖殿が仲良く並ぶ"双子廟"

新竹長和宮《シンツーチァンフゥーゴン》＋水仙宮《シュイシィエンゴン》 ｜Xinchu Changhegong + Shuixiangong｜

新竹市北區北門街135號

▲取材時はあいにくの集中豪雨だったが、ご覧の通り、まるで双子のように二つの廟が仲良く並んでいる。水仙尊王や媽祖のほか観音菩薩も祀られている。

【MAP】P166／F＋3

●宗教…道教／仏教
●神…媽祖／水仙尊王ほか
●アクセス…台鉄「新竹駅」より、新竹公車バス・藍15番南寮行きに乗り、約6分の「鄭氏家廟」下車、南へ徒歩約3分。

新竹長和宮は、右頁の新竹都城隍廟、下の竹蓮寺と併せて新竹三大廟の一つである。

古くから新竹の媽祖信仰の中心だった廟だが、後にこの長和宮と同様の建築方式を用いた航海神を祭る水仙宮が、すぐ隣に創建された。

つまり、外観がよく似た廟が二つ並ぶという台湾では他に例を見ない景観となっているわけだが、俗称で"双子廟""ミラー廟"と呼ばれることもあるようだ。

パワースポット

058

芸術的評価が高い新竹三大廟の一つ

竹蓮寺《ツーリェンスー》 ｜Zhuliansi｜

新竹市東區竹蓮街100號

新竹エリアで最も古い仏教寺院。聖殿そのものの繊細な細工や所蔵する多くの古美術品などから芸術的評価も高い。

日本統治時代、皇民化運動により漢族をルーツとする廟や寺の多くは取り壊されたが、竹蓮寺を含む新竹三大廟だけは残したという経緯がある。

【MAP】P166／F＋3

●宗教…仏教／道教　●神…観音菩薩ほか
●アクセス…台鉄「新竹駅」より、中華路二段を南西に、竹蓮街人行地下道を抜け竹蓮街を南東に進む。徒歩約6分。

パワースポット

059

客家人の町にあるタイ風仏教寺

関西潮音禅寺《グァンシーチャゥインチャンスー》 ｜Guanxi Chaoyinchansi｜

新竹市關西鎮東安里中豐路一段80巷10

もともとは大陸をルーツとした仏教寺院だったが、タイの信徒の後押しもあり、一九九〇年に現在のタイ様式の寺院として生まれ変わった寺。

新竹・関西エリアは客家人が多く暮らす町だが、仏教を信仰する多くの住民にとっての祈りの場となっている。

【MAP】P166／G＋3

●宗教…仏教　●神…釈迦ほか
●アクセス…台鉄「新竹駅」より、新竹客運バス・5619番に乗り、約2時間15分の「關西」下車、徒歩約15分。

パワースポット

060

「世界は家族」を掲げる巨大宗教道場

峨《エ》眉《メイ》弥《ミー》勒《ラ》大《ダー》道《ダオ》大《ダー》自《ツー》然《ラン》文《ウェン》化《フゥア》世《シ》界《ジエ》

―Ermei Miledadao Daziran Wenhua Shijie―

新竹縣峨眉鄉湖光村快楽路1號

▲スローガン「世界は家族」を掲げた巨大門。

▲広大な敷地の中に本殿や施設が複数ある。一般見学者は土日などに参観が可能。

▲全長約72メートルにも及ぶ、世界最大の弥勒大仏。

日本で親しまれる〝布袋さま〟のルーツ・弥勒菩薩は台湾各地に鎮座しているが、世界最大級となる全長約七十二メートルの弥勒大仏が鎮座し、弥勒そのものを信仰の中心とした新興宗教がある。〝弥勒大道〟という新興宗教で、華人社会において国外にも進出した数少ない例の一つであるという。

創教者は、当初一貫道で布教活動を行っていた王さんという人で、一九八七年に設立。二〇〇〇年頃より、聖殿となるここ弥勒大道大自然文化世界の建設を始め、十一年のときを経て二〇一一年に完成したそうだ。

一貫道からの流れを汲んでいることもあり、どことなく一貫道宝光建徳神威天台山道場（P115）と雰囲気が似ているが、巨大門に掲げられた「世界は家族」には弥勒大道ならではの強い願いが込められている。

【MAP】

P166／F＋3

●宗教…天道
●神…無生老母、弥勒菩薩ほか
●アクセス…台鉄「新竹駅」より、區間車（普通）苗栗行きに乗り、「竹南駅」下車。東口から出て、苗栗客運バス・5810番富興行きに乗り、約1時間12分の「彌勒佛院」下車、徒歩6分。

パワースポット

061

七人の仙女が女性の悩みを解決

五《ウー》指《ジー》山《シャン》玉《ユイ》皇《ファン》宮《ゴン》七《チー》仙《シィエン》女《ニュ》亭《ティン》

― Wuzhishan Yuhuanggongqixiannuting ―

新竹縣北埔郷外坪村8之6股11之2號

▲本殿の周囲に鎮座する7人の仙女像。皆一様に優しい表情をしており、参拝者の心を癒してくれる。

【MAP】
P166／F+4

- 宗教…道教
- 神…七仙女
- アクセス…台鉄「新竹駅」より、區間車（普通）内灣行きに乗り、約30分の「竹東駅」下車。タクシーで南へ約25分。

北斗七星に由来する七人の仙女がパワーをもたらす廟。七人いる仙女は表情も似ているが、それぞれ役割が異なる。

写真手前より、大仙女は、万能な神様。二仙女は、家庭の神様。三仙女は、育児の神様。四仙女は、事業の神様。五仙女は、長寿の神様。六仙女は、健康の神様。七仙女は、感情の神様。

特に恋愛、結婚、出産、育児などの悩みを抱える女性参拝者が多いようだ。

▲廟内の池もピースフルな雰囲気である。

パワースポット

062

電子計算機を持つ神様が鎮座する

五《ウー》指《ジー》山《シャン》受《ショウ》北《ペイ》宮《ゴン》五《ウー》路《ルー》金《ジン》財《ツァイ》神《シェン》

― Wuzhishan Shoubeigongwulujincaishen ―

新竹縣北埔郷外坪村8之6股11之21號

▲鎮座する納珍天尊の手元には電子計算機らしき物も。現代の利器を反映した、柔軟でわかりやすい神像だ。

【MAP】
P166／F+4

- 宗教…道教
- 神…玄天上帝ほか
- アクセス…台鉄「新竹駅」より、區間車（普通）内灣行きに乗り、約31分の「竹東駅」下車。タクシーで南へ約25分。

▲霊性が強いと言われる五指山は、廟が数多くあるが、その入口付近にそびえるのが五指山受北宮五路金財神だ。

五指山にある財運向上に霊験あらたかな廟。主神の玄天上帝や虎爺のほか、複数の財神が鎮座しているが、特筆すべきは納珍天尊という神様である。

他の廟でも見かける納珍天尊だが、ここの神像は左手に電子計算機らしき物を持っている。参拝者が財運を祈った際、瞬時にその金額を計算してくれる……という意味かどうかはわからないが、現実的で頼もしい神様である。

パワースポット

063

元日本人住居跡に建つキリスト教会

天主教北大教堂《ティェンジュウジャオペイダージャオタン》 ｜Tiangzhujiao　Beidajiaotang｜

新竹市中正路１５６號

新竹を代表する天主教会だが、もともとは日本人憲兵の住居だった場所。戦時中は米軍の空爆にも遭い、十人以上の日本人が亡くなったことでも知られている。

後に大陸からやって来た西洋人司祭によって教会となり、今日まで平和を祈り続けている。

【MAP】P166／F＋3

●**宗教**…キリスト教　●**神**…イエス・キリスト

●**アクセス**…台鉄「新竹駅」より、新竹客運バスに乗り、約4分の「北大教堂」下車、北西へ徒歩すぐ。

パワースポット

064

新竹郊外にある〝蔣介石廟〟

玖龍宮《ジゥロンゴン》 ｜Jiulonggong｜

新竹縣寶山鄉寶新路二段56巷80號

新竹郊外の宝山エリアにある〝蔣介石廟〟。主神は張府天師だが、玉聖星君と呼ばれる神が蔣公神である。

極めて静かな廟ではあるが、廟内に放し飼いの凶暴（神に忠実？）な犬がおり、筆者はかなり怖い思いをした。行かれる方はご注意を。

【MAP】P166／F＋3

●**宗教**…民間信仰／道教　●**神**…張府天師、蔣公神ほか

●**アクセス**…台鉄「新竹駅」より、新竹客運バスに乗り、約43分の「老隘」下車、西へ徒歩３分。

パワースポット

065

巨大シイタケがある小さな祠

久霊祠《ジゥリンツー》 ｜Jiulingci｜

苗栗縣公館鄉仁安村９鄰仁安１１８之2號36號

▲地元の霊を鎮魂する小さな祠だが、正面から見ると香炉は薬のカプセルのようにも見えてかわいらしい。

▲祠を見守るように建つシイタケ像。シイタケが神様なのか？　と思ったが、日よけ用に作られたオブジェだった。

苗栗の公館付近を巡っていた際に見つけた祠。地元に根付く霊を鎮魂し、五穀豊穣を願っているようだが、写真の通り、祠の敷地内には精巧に出来た巨大なシイタケ像がある。

シイタケが神様なのか？　と思ったが、後で調べたところ、地元の自治体が地域の名産であるシイタケを像にし、日よけ用に作ったもので神様とは全くの無縁のようだ。それにしてもよくできているシイタケだった。

【MAP】

P166／F＋4

●**宗教**…道教

●**神**…福徳正神

●**アクセス**…台鉄「苗栗駅」より、新竹客運バス・5659番北河行きに乗り、約36分の「東西橋」下車。川沿いの道を南に苗25-1を進む。徒歩約12分。

パワースポット

066

こんな畑にポツンと一軒廟

水頭福徳祠《シュイトウフゥドァツー》

Shuitou Fudesi

苗栗縣公館郷大坑村58之1號

▲畑の中にポツンと佇む一軒廟。緑の中に、真っ赤な廟が映えている。

▲水頭福徳祠の内部。神像はないが、主神は福徳正神である。

【MAP】
P166 ／ F＋4

●宗教…道教
●神…福徳正神
●アクセス…台鉄「苗栗駅」より、新竹客運バス・5656番大湖行きに乗り、約42分の「公館」下車。舊後汶公路を南に大東路に入り北西の道に入って、苗25-1に出てすぐ。徒歩約12分。

苗栗の公館エリアは農業が盛んで、界隈には大小様々な廟や祠がある（右頁の久霊祠もそのうちの一つ）。これらの大半は土地公を祀ったり、地元に根付く霊を鎮魂したり、五穀豊穣を願うものなのだが、畑の中に佇むようにポツンと建つのがここ水頭福徳祠だ。

祠の背部にユーカリの木が立っていることから、大樹への信仰、霊の鎮魂、五穀豊穣をまとめて願うための小さな聖殿のようだ。

珍しい例のようにも思えるが、苗栗だけでなく、特に台湾西南部の農村地帯には、このように畑の中にポツンと一軒の廟や祠が建つケースは多い。

ただでさえ天変地異に翻弄されることが多い台湾。特に農家の人たちにとっての天候不良は死活問題だからこそ、畑の中に廟を置き、入念な神頼みをしているのだと思われる。

▲獅頭山勧化堂の一角にあるモニュメント。神の下で無数の鶴が水とたわむれている。

パワースポット

067

霊山にそびえ建つ〝天界の極楽浄土〟

獅頭山勧化堂《シートウシャンチュェンフゥアタン》｜Shitoshan Quanhuatang｜

苗栗縣南庄郷獅山村17鄰242號

▲本殿に至る参道。低い階段が敷き詰められるなど身体的弱者にも配慮がなされている。

【MAP】

P166／F＋3

●宗教…道教／仏教
●神…玉皇大帝ほか
●アクセス…台鉄「竹南駅」より、台湾好行バス・5805A番南庄線に乗り、約1時間28分の「龍門口」下車。獅山道を北へ徒歩約36分。

苗栗の霊山として知られる獅頭山。台湾仏教の聖地であり、山には複数の寺院があるが、その代表が〝天界の極楽浄土天〟と呼ばれるここ獅頭山勧化堂だ。一九二三年創建で、主神は道教の最高位となる玉皇大帝である。

また、戦時中に台湾人をかばい自決した日本人元兵士の位牌があることでもよく知られており、毎年同兵士の慰霊祭も行われている。

パワースポット

068

護衛的な王子がお出迎え

竹南大埔福龍宮《ツーナンダープーフゥロンゴン》｜Zhunan Dapu Fulonggong｜

苗栗縣竹南鎮大埔里7鄰105號

▲大きい聖殿ではないが、陪祀哪吒三太子像の効果もあり、苗栗ではよく知られた廟だ。

【MAP】

P166／F＋3

●宗教…道教
●神…金府王爺、王爺神ほか
●アクセス…台鉄「苗栗駅」より、區間車（普通）基隆行きに乗り、約16分の「竹南駅」下車。苗栗客運バス・5804番南庄行きに乗り、約22分の「土牛」下車、北へ徒歩約11分。

▲本殿にある哪吒三太子像。特にこの廟では財、健康などに霊験あらたかだと人気の様子。

苗栗の竹南エリアは特徴的な道教廟が複数あるが、ここ竹南大埔福龍宮もその一つ。順天宮という廟をルーツとし、一九七六年に福龍宮に改変された。主神は金府王爺であり、この他に福徳正神、虎爺なども祀られている。

一方、神々の護衛的立場にあるはずの哪吒三太子に支持が集まっており、廟上部では巨大な哪吒三太子像が鎮座し、参拝者を出迎えてくれている。

パワースポット

069

強面の神農大帝が鎮座する

竹南《ツーナン》五穀《ウーグー》宮《ゴン》 ─ Zhunan Wugugong ─

苗栗縣竹南鎮新南里五谷街16號

▲地元の信仰の中心だが、巨大な五穀神農大帝像のインパクトにより台湾全土から人が訪れるという。

▲47メートルの高さを持つ五穀神農大帝像。近年改装され、さらに綺麗に生まれ変わったが、怖さは継承されている。

【MAP】

P166／F+3

●宗教…道教
●神…五穀神農大帝ほか
●アクセス…台鉄「苗栗駅」より、自強號（特急）七堵行きに乗り、約10分の「竹南駅」下車。東口を出て、神農街を北へ進む。徒歩約6分。

苗栗・竹南エリアの代表的パワースポット。廟の意義、主神とも新屋長祥宮（P46）に似ているが、ここ竹南五穀宮は二百八十年の歴史を持ち、五穀神農大帝もさらに強面に天変地異と対峙しているように映る。

媽祖や福徳正神といった道教の神々が複数鎮座する一方、仏教の釈迦や文朱菩薩も祀られており、幅広い信仰に対応している。

パワースポット

070

世界最大級の媽祖像が見守る

竹南《ツーナン》后厝《ホウツォ》龍鳳《ロンフォン》宮《ゴン》 ─ Zhunan Houcuo Longfenggong ─

苗栗縣竹南鎮龍鳳里12鄰龍安街69號

▲高さ42メートルの超巨大媽祖像は1500万元（日本円で約6000万円）をかけて作られたという。

▲複数の神々が鎮座するが、やはり主神である媽祖を目指して訪れる人が多いようだ。

【MAP】

P166／F+3

●宗教…道教
●神…媽祖ほか
●アクセス…台鉄「苗栗駅」より、自強號（特急）七堵行きに乗り、約10分の「竹南駅」下車。苗栗客運バス・5813番頭份行きに乗り、約10分の「龍鳳宮」下車すぐ。

上の竹南五穀宮からさほど遠くない場所にある、約四十二メートルの巨大媽祖像がシンボルの廟。歴史も古く、創設から三百年以上が経つという。

地域の漁業や農業などを見守るほか、恋愛、結婚、出産といった女性の悩みも解決すると評判で、地元だけでなく県外からも参拝に訪れる人が多い。

また、廟を運営する委員会は社会福祉活動にも熱心に参加しており、人々からの信頼も厚い。

パワースポット

071 中華民国と日本が混在する神社

通霄神社《トンシァオシェンショア》 | Tongxiao Shenshe |

苗栗縣通霄鎮通東里虎頭山公園内

▲燕尾脊の屋根に改変された神社の神殿。棟には国民党の党章も装飾された。

▲通霄神社の入口には今も立派な鳥居が立っている。

【MAP】
P166／E＋4

●宗教…神道
●神…天照大神ほか
●アクセス…台鉄「苗栗駅」より、自強號（特急）七堵行きに乗り、約10分の「竹南駅」下車。區間車（普通）彰化行きに乗り継ぎ、約36分の「通霄駅」下車、北東へ徒歩約8分。

戦後、台湾を統治した中華民国は日本式の神社の多くを取り壊し忠烈祠へと改築したり、政府の関連施設へと改変するケースが多かった。この通霄神社もそのうちの一つで、神社としての機能は維持しながらも神殿を閩南式の燕尾脊屋根に改変。結果的に日中混合型神社となっている。

日本人にとっては不思議に映るが、台湾の複雑な歴史を物語る象徴的な聖殿でもある。

パワースポット

072 無造作に残る稲荷神社跡

苗栗稲荷神社遺跡《ミャオリーダオフォーシェンショアイージー》 | Miaoli Daoheshenshe Yiji |

苗栗縣苗栗市恭敬路２１５號

▲社殿などは残されていないが、各所に神社の痕跡を見ることができる。

▲かつての鳥居が今日も街角に立ち続ける。ただし、門前は駐車場も兼ねているため、写真のように鳥居の前に車が停まっていることもあるようだ。

【MAP】
P166／E＋4

●宗教…神道
●神…現在はなし
●アクセス…台鉄「苗栗駅」より、新竹客運バス・5656番大湖行きに乗り、約16分の「輔導中心」下車、北西へ徒歩約６分。

苗栗の連合大学近くにある稲荷神社跡。もともとは一八二八年に、日本神話に登場する神・トヨウケビメを祭神とし創建されたようだが、戦後はそのまま放置され、今日まで手つかずのまま残されている。

社内の随所に日本統治時代の面影を感じさせる遺跡が数多くあるが、日本人旅行者の間では意外と知られていない場所である。往時のパワースポットでもあるので是非行ってみて欲しい。

▲慈雲遊楽園。真ん中には池があり、中で泳ぐ鯉を見ながら散策できる。

▲園内のいたるところに西遊記の登場人物、動物がいる。

▲慈雲寺の本殿。きらびやかではあるが、他の廟と比べ、どこかストイックな印象だ。

パワースポット

073

〝西遊記ランド〟を併設する厳格な寺

慈雲寺《ツーユンスー》

— Ciyunsi —

苗栗縣通霄鎮五南里中山路92號

右頁の通霄神社がある苗栗・通霄エリアの中で、重要なパワースポットの一つがここ慈雲寺である。

別名〝観音亭〟とも呼ばれるだけあり主神は観音菩薩。他にも複数の神々が鎮座するが、他の廟と違い、宗教の垣根を超えた多岐にわたる神々を祀っているわけではないようだ。

一方、廟に併設されている慈雲遊楽園という散策エリアでは、西遊記の登場人物や、見慣れない神像、石像などが無数に設置されており、散策コースもまるで西遊記。さながらディズニーランドならぬ〝西遊記ランド〟とでも言うべき印象を与えている。

いずれのモチーフも台湾らしく、原色で塗装されたものが多く、見て回るだけでも楽しい。道教を知らない人でも十分満足できるはずなので、散策と参拝と併せて訪れてみると良いだろう。

【MAP】

P166／E＋4

- 宗教…仏教
- 神…観音菩薩ほか
- アクセス…台鉄「竹南駅」より、區間車（普通）に乗り継ぎ、約42分の「苑裡駅」下車。新竹客運バス・5814番苗栗行き乗り、約11分の「観音亭」下車、北へ徒歩2分。

道教廟の参拝方法

参拝の基本ルール

本書で紹介している通り、台湾には実に様々な宗教があり、その聖殿があるが、ここでは最も多い道教廟での基本的な参拝方法を紹介したい。

牌樓（門）をくぐると、たいてい廟内の左右に入口と出口がある。入口が右手の龍門、出口が左手の虎門となり、これを間違えると、廟によっては厳しく怒られるので注意したい。また、入口では左足から入るようにし、敷居の境を踏まないよう注意して欲しい。

そして、拝拝《バイバイ》（以下、参拝）するために、必ず廟内のカウンターで線香や金紙を買う。線香はその廟の鎮座する神々のうち拝みたい神の数、または、香炉の数分を購入する。ただし、一つの神または香炉に対し、何本のお香を挿すべきかは廟によって慣習が異なるので、係の人に尋ねるか、周囲で参拝している人を真似てみると良いだろう。

線香に火をつけたら、その線香を持ち、まず本殿の中心で参拝する。線香を頭の上に掲げ三度おじぎをする。この際、心の中で自分の名前、住所、生年月日を告げた後、お願いごとをする。

お願いごとを終えたら、前殿と本殿の間にある香炉に線香を一本投げ入れる。次に本殿の主神に向かって同じように参拝し、本殿前の香炉にさらに線香を一本投げ入れる。ここまでが主神となる神様への参拝方法だ。

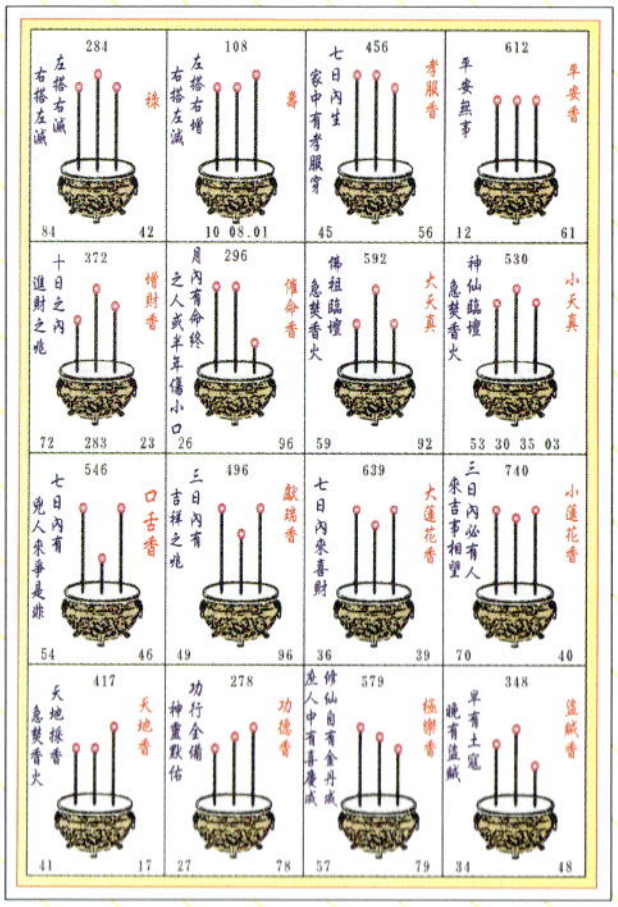

▲香炉に線香を挿した後の、線香の減り具合にも神様のお告げが隠されている場合がある。これは宜蘭外澳接天廟（P153）でいただいた、お告げの適合表。

複数の神々を参拝する

道教廟では、複数の神々が鎮座していることがあるが、おおむね動線に従って反時計回りに参拝していく流れ。ただし、廟によってはあえて違う順路を設定し、神像に順路の番号札を付けている場合もある。この辺は、廟ごとのルールに従い、巡拝するようにしたい。

筊占いとは？

参拝を終えたら筊《ポエ》占い（以下、ポエ占い）をやってみると良いだろう。ローカルな廟では準備していないところが大半だが、観光名所的な廟にはおおむねある。ポエ占いのやり方は以下の通りだ。

①まず両手で赤い二つの半月形

▼台湾府城隍廟（P101）で参拝する台湾人。老若男女切実な思いで参拝しているのでマナーを守って来訪したい。

の木片の平たいほうを手の平に持つ。次に両手で挟むように頭上まで持ち上げ、心の中で自分の名前、住所、生年月日を告げた後、お願いごとをする。

②木片を床へと放り投げる。二つの木片が綺麗に表と裏に分かれていれば、「次に進んで良い」というお告げ。表と表、裏と裏の場合は「まだまだ君は甘い」というお告げなので、おみくじを引いてはダメ。ふりだしの①からやり直す。三回まで繰り返すことができるが、三回やっても表と裏が出ない場合は「今日の君はやっぱり甘い」ということなので、この日は諦めて帰る。

③表と裏が出たところで、近くにある、束になった竹棒をまとめて持ち上げて、一気にストンと下に落とす。この際、一番高い位置に残った棒を引き出し、その番号を確認する。

④「③の番号で本当に良いかどうか」を改めて神様に問うため、①をもう一度やってみる。ここで表と裏が出たら「おみくじを引いても良い」というお告げ。ここで初めて先ほどの番号のおみくじを引き出しから取り出すことができる。ここで表と表、裏と裏が出た場合は、やはり「まだまだ君は甘い」というお告げなので、①から全てやり直しとなる。

⑤おみくじには道教特有の言葉によってお告げが書かれていることがあり、意味が分からない場合は、廟の係の人に尋ねてみると良いだろう。台北の龍山寺（P34）のような観光客が多い廟には、「解籤處《ジェチェンチュ》」という、おみくじの解説カウンターがあるので、こういう場では親切に解説をしてくれる。

月下老人と赤い糸

特に恋愛や婚姻についてのお願いがある場合は、月下老人を祀る廟を参拝したい。

月下老人を祀る廟では、お守りの「赤い糸」をいただける場合が多いが、ここでも神様にお伺いを立てないといけない。やり方は以下の通りだ。

①ポエ占いの項同様、両手で赤い二つの半月形の木片を挟み、心の中で自分の名前、住所、生年月日を告げた後、お願いごと（恋愛や婚姻について）をする。

②の木片を床に落とす際、三度連続して表と裏が出た場合にのみ、「赤い糸をもらって良い」というお告げとなる。表と表、裏と裏の場合は、やはり①からやり直し。必ず三度連続するまで同じことを繰り返す。

③②で三度連続して表と裏が出た場合は、近くにある箱から赤い糸が入った袋を一つ取る。その袋を手に取り、香炉の上を三周させ、煙にかざして終了。

④赤い糸はお守りとして財布の中などに入れておく。

金紙とは何か

より丁寧なお参りをする場合は果物、お菓子、（廟によっては）カップラーメンなどの供物と一緒に、金紙（神様に対する擬似通貨）を神様に供える。金紙も、廟内で販売されていることが多いが、ない場合はたいてい近隣の商店などで購入することができる。

金紙は全ての参拝をし終えた後、廟の外部にある金炉と呼ばれる焼き場に投げ入れて燃やす。燃やすことで神様にお金をお届けするという意味だが、筆者はこれを知らなかった頃、「金紙のデザインがかわいい」と、持ち帰ろうとして廟の人に怒られて取り上げられたことがあった。くれぐれも注意されたい。

道教廟の御朱印

近年、大ブームとなっている日本の神社での御朱印だが、台湾の道教廟には原則的には存在しない。ただし、記念スタンプや記念品を準備しているところもあるので、興味がある人は尋ねてみて欲しい。

特に台北の龍山寺のように日本人旅行者が多く訪れる場所は、日本の御朱印ブームも認知しているようで、その代わりとなるスタンプなどで快く対応してくれているという。御朱印帖を持っている方は記念に押してもらうと良いだろう。

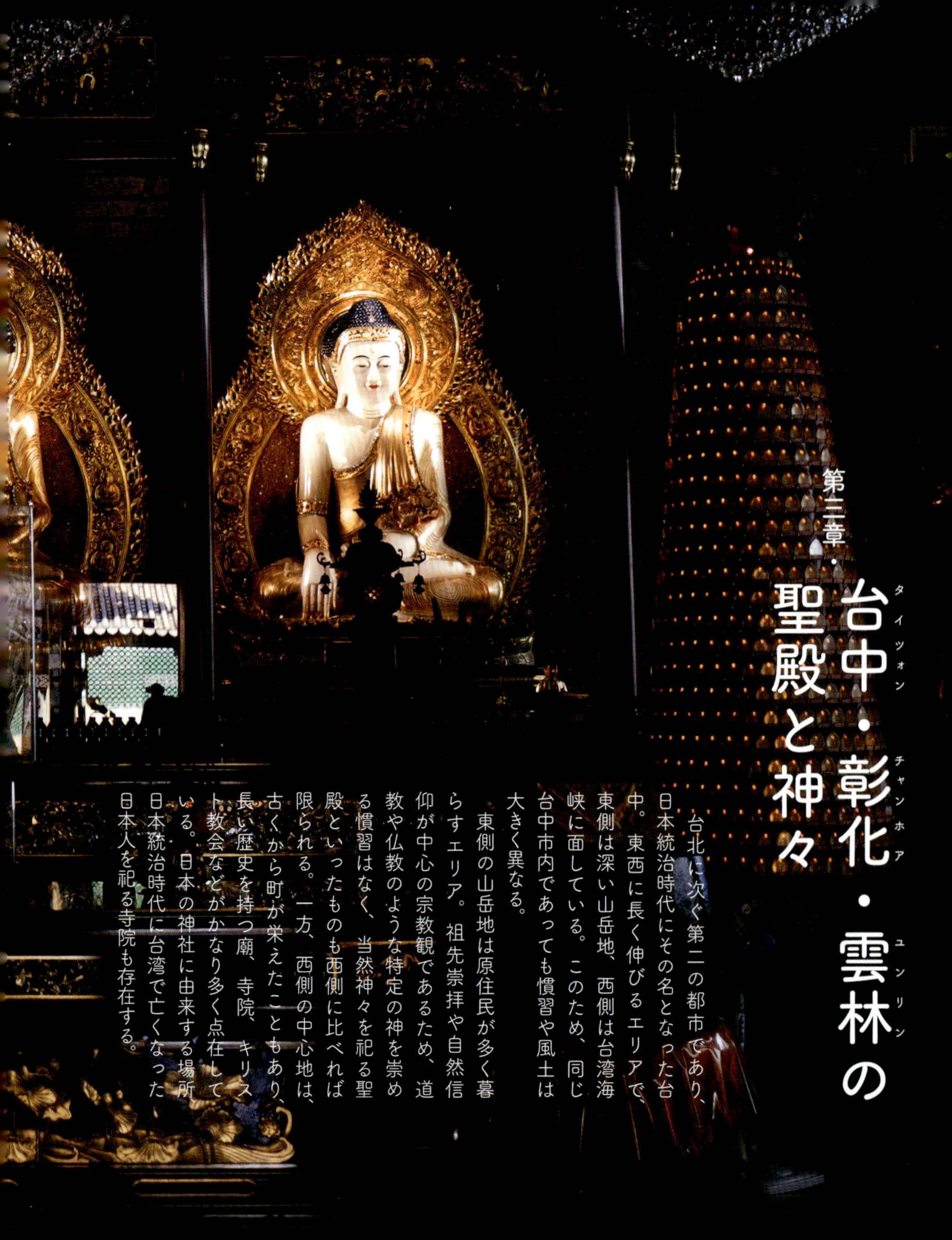

第三章　台中《タイツォン》・彰化《チャンホア》・雲林《ユンリン》の聖殿と神々

台北に次ぐ第二の都市であり、日本統治時代にその名となった台中。東西に長く伸びるエリアで、東側は深い山岳地、西側は台湾海峡に面している。このため、同じ台中市内であっても慣習や風土は大きく異なる。

東側の山岳地は原住民が多く暮らすエリア。祖先崇拝や自然信仰が中心の宗教観であるため、道教や仏教のような特定の神を崇める慣習はなく、当然神々を祀る聖殿といったものも西側に比べれば限られる。一方、西側の中心地は、古くから町が栄えたこともあり、長い歴史を持つ廟、寺院、キリスト教会などがかなり多く点在している。日本の神社に由来する場所、日本統治時代に台湾で亡くなった日本人を祀る寺院も存在する。

そして、台中に隣接する彰化は、福建省からの移民が早い時期に入植したことで知られるエリア。大陸との貿易も早くから始まっており、特にその中継地となった鹿港は台北・万華や台南と並ぶ古都としてよく知られている。

ただし、特に農村部ではインフラの整備がなかなか進まず、度重なる天変地異に悩まされることもあったようだ。こういった被害を受けないよう神に願う慣習は古くから根付いており、これに伴う廟、寺院、キリスト教会は長い歴史に基づく場所が多いのも特徴である。

その彰化の南に隣接するのが雲林だ。台中や彰化に比べ、特徴的な観光物件が少ないことから、素通りする旅行者もいるようだが、他県で見かけない名産が多く、また気候も良いため、筆者個人的には台湾西部ではお勧めしたいエリアの筆頭である。もちろん、宗教観も独特であり、他県ではあまり見かけないような廟、寺院、キリスト教会が点在している。

パワースポット
074

柱、梁、壁が一体化した
モダニズム教会

東《トン》海《ハイ》大《ダー》学《シュエ》路《ルー》思《スー》義《イー》教《ジャオ》堂《タン》

台中市西屯區台湾大道四段1727號

― Donghai Daxue Lusiyi Jiaotang ―

▲東海大学内にある路思義教堂。台中市民の誇りにもなっているモダニズム建築だ。

【MAP】
P167／C+2

●宗教…キリスト教
●神…イエス・キリスト
●アクセス…台鉄「台中駅」より、台中客運バス・323番臺中區監理所行きに乗り、約58分の「臺中榮總（臺灣大道）」下車。東海大学敷地内に入り、徒歩約14分。

▲教堂の内部。光も入る構造で、心地良い祈りを捧げることができる。

台湾初の私立大学であり、キリスト教大学でもある台中・東海大学。台湾全土に知られる名門校だが、そのキャンパス内にある教会、路思義教堂もそれと同等によく知られている。

一般的な建築工法ではなく柱、梁、壁を一体化させ建てられたものだが、耐震、耐熱などにも十分な構造だという。

この独特の造形美は台中のシンボルにもなっており、観光コースの一つとして挙げられることもある。

建築は一九六二年。世界的に知られる中華系建築家・貝聿銘さんと、台湾人建築家・陳其寛さんによる共作であり、台湾におけるモダニズム建築の走りにもなったと言われている。

パワースポット
075
〝ノアの方舟型〟教会の一つ
磐頂教会《パンディンジャオフゥイ》 ― Panding Jiaohui ―
台中市龍井區遊園南路361巷15號

▲定期礼拝は土日のみだが、見学は随時受け付けてくれるとのこと。事前に問い合わせの上行ってみて欲しい。

▲数えきれないほどの結婚式を行ってきた教会。ここで式を挙げることは台湾人女性の憧れでもあるようだ。

【MAP】
P167／C＋2

●宗教…キリスト教
●神…イエス・キリスト
●アクセス…台鉄「台中駅」より、中客運バス・323番臺中區監理所行きに乗り、約1時間13分の「盤頂教會」下車、東へ徒歩約2分。

一説では、ノアの方舟をイメージして建てられた教会が台湾には五つあると言われている。それが正しければ本書では全教会を紹介しているが、その一つであり、最も〝方舟感〟が高いのがここ磐頂教会だ。

創建は一九八一年。地中海に浮かぶ船をイメージしたというだけあって、配色も美しい。窓から入る台中の日差しを浴びながらの礼拝は、実に心地良い時間になると思う。

パワースポット
076
台中最古のキリスト教会
柳原教会《リウユェンジャオフゥイ》 ― Liuyuan Jiaohui ―
台中市中區興中街119號

▲百年を超える歴史を持つ教会だが、目の前には、さらに歴史がありそうな大樹がある。

▲スコットランドの教会の建築図面を元に建てられたという美しい聖殿だ。

【MAP】
P167／C＋2

●宗教…キリスト教
●神…イエス・キリスト
●アクセス…台鉄「台中駅」より、台中客運バス・201番新民高中行きに乗り、約5分の「光復國小（三民路）」バス停下車、北へ徒歩約3分。

台中最古の教会として知られる柳原教会。創建は一九一五年で、スコットランド人の牧師によって開かれた。

人々の目を引く旧教堂は、全体的にはローマ建築を基調とした聖堂で、よく見ると、龍の彫刻があったりと、この時代もやはりキリスト教と中華の伝統が混在していたことがわかる。

ちなみに現在、礼拝堂として機能しているのは南側にある新教堂である。

パワースポット

077

神社の拝殿を帽子型に改造した聖殿

金陵祠《ジンリンツー》（鳥居土地公廟《ニャオジュトゥディゴンミャオ》）

台中市豐原區鐮村里鐮村路271巷63號（對面）

Jinlingci（Niaoju Tudigong Miao）

▲かつての神社の拝殿は、このように仏が被る帽子の型に改造されている。
▶鳥居には、道教の標語が掲げられている。

一九三六年、当時台湾で流行っていたバロック式建築を取り入れ創建された神社跡。今も鳥居、石灯籠が残っているが、いずれも道教式に改変されているが、結果的に日本式、バロック式、中華式が混在した廟となっている。日本のガイドブックで紹介された例を見たことはないが、台湾のニュースなどでは珍景として多く取り上げられている。

祀られているのは、地域を守る土地公。この界隈に多い客家人が営むサトウキビ、タバコ葉などの農家の人たちが豊穣を祈願するために参拝に訪れることが多いようだ。

原則的には無人の廟ではあるが、廟に備えられたQRコードをスマートフォンで読み込むと、音声とビデオによって廟のガイドを聞くことができるシステムがある。一見の参拝者への配慮もする親切な廟である。

【MAP】

P167／C＋2

- **宗教**…道教
- **神**…福徳正神
- **アクセス**…台鉄「台中駅」より、豊原客運バス・202番豊原行きに乗り、約1時間3分の「竹圍口」下車、東へ徒歩約7分。

パワースポット

078

公園に寝かされた日本統治時代の鳥居

台中公園《タイチュンゴンユエン》（台中神社遺跡）

―Taichung Gongyuan（Taichungshenshe Yiji）―

台中市北區公園路37之1號

▲寝かされた鳥居。その後ろでは、仏教団体の人々が朝のラジオ体操を行っていた。

【MAP】P167／C＋2

●宗教…なし

●神…なし

●アクセス…台鉄「台中駅」より、豊原客運バス・202番豊原行きに乗り、約1時間3分の「竹圍口」バス停下車、東へ徒歩約7分。

台中公園はかつての台中神社があった場所。神社の大半は戦後すぐに破壊されたが、残された鳥居は園内の一角で何故か寝かされ保存されている。また、二〇〇〇年には台中市政府がバラバラに残っていた石柱を探し出し、案内板も改めて作り直したという。

二〇一五年、台中市長がこの鳥居修復を表明。歴史を再認識できる場となることにおおいに期待したい。

パワースポット

079

日本人一万四千柱が眠る

宝覚禅寺《バオジュエチャンスー》

―Baojuechansi―

台中市北區健行路140號

ニッコリ微笑む弥勒大仏が鎮座していることで有名な寺。

一九二七年に日本式仏教寺として創建され、後の戦時中には亡くなった日本人が多く祀られることとなった。その数は一万四千柱にも及び、今日も多くの日本人が手を合わせに訪れている。

【MAP】P167／C＋2

●宗教…仏教　●神…釈迦ほか

●アクセス…台鉄「台中駅」より、台中客運バスに乗り、約15分の「新民高中（健行路）」下車すぐ。

パワースポット

080

住宅街にある台中の代表的仏教寺

慈明寺《ツーミンスー》

―Cimingsi―

台中市南區合作街109號

台中の住宅街にある、一九五九年創建の仏教寺。寺の目の前にある約二メートルの観音仏像がシンボルである。

地域の仏教徒にとっての信仰の中心であるだけでなく、保育園、幼稚園、図書館なども併設され、生活、学びの中心としても親しまれている。

【MAP】P167／C＋2

●宗教…仏教　●神…釈迦ほか

●アクセス…台鉄「台中駅」より、台中客運バスに乗り、約6分の「興大附農（臺中路）」バス停下車、西へ徒歩約3分。

パワースポット

081

台中の媽祖の総本山

大甲鎮瀾宮《ダージャジェンランゴン》 ｜Dajia Zhenlangong｜

台中市大甲區順天路158號

媽祖廟としては台湾で最も有名な廟の一つ。

世界三大宗教祭にも認定された「大甲鎮瀾宮媽祖巡礼」は、ここ大甲鎮瀾宮から嘉義の新港奉天宮（P93）他、複数の媽祖廟を巡回した後、再び大甲鎮瀾宮に戻ってくるという巡礼祭。各地でおおいに盛り上がるという。

【MAP】P167／C＋1

●**宗教**…道教　●**神**…媽祖ほか

●**アクセス**…台鉄「台中駅」より、區間車（普通）通霄行きに乗り、約55分の「大甲駅」下車、西へ徒歩約6分。

パワースポット

082

女神の最高位が鎮座する聖殿

霊仙宗道院《リンシェンゾンダオユエン》 ｜Lingxianzongdaoyuan｜

台中市太平區旱溪西路二段230號

台中の旱渓という川沿いに面した美しい廟。主神は、中国最古の女性神で、仙女を統率した西王母（瑶池金母、王母娘娘とも）である。

他にも複数の神々が祀られており、いずれも恋愛、結婚、健康などの女性特有のお悩みを解決してくれると言われている。

【MAP】P167／C＋2

●**宗教**…道教　●**神**…西王母ほか

●**アクセス**…台鉄「台中駅」より、區間車（普通）后里行きに乗り、約2分の「精武駅」下車、北へ徒歩約15分。

パワースポット

083

地震を乗り越えた巨大寺院

萬仏寺《ワンフォースー》 ｜Wanfosi｜

台中市霧峰郷莱園村仁徳巷7號

▲震災の苦労を強いられた人々に癒しを与える弥勒仏。

【MAP】P167／C＋2

●**宗教**…仏教

●**神**…釈迦ほか

●**アクセス**…台鉄「台中駅」より、台中市公車バス・201番、總達客運バス・6322番、台中客運バス・6899番で約55分の「省議会」下車、南東へ徒歩約10分。

▲仮設された施設内で祀られる神々。簡易的な神殿ではあるが、寺の住職の方々により大切に守られている。

一九七一年創建の仏教寺でかつては巨大な大仏が鎮座し、有名なパワースポットの一つだったが、一九九九年九月二十一日の〝921大地震〟により崩壊。現在は大仏はなく、震災から二十年経った今もなお仮設の建物で釈迦を祀り続けている。

しかし、信徒らの寄付金により、ようやく寺のシンボルとなる観音菩薩大悲殿の再興に着手し始めたようだ。

パワースポット

084

LED照明が美しい台湾唯一のガラス廟

玻《ブォ》璃《リー》媽《マー》祖《ズー》廟《ミィアオ》台《タイ》湾《ワン》護《フゥ》聖《シァン》宮《ゴン》

─ Boli Mazumaio Taiwan Hushenggong ─

彰化縣鹿港鎮鹿工南四路28號

▲その美しさは言葉を失うほど。ライトアップが映える夕方から夜間の来訪がお勧めだ。

▲廟の内部には池もある。LEDのライトアップが反射する水面が美しい。

【MAP】
P167／B＋2

●宗教…道教
●神…媽祖ほか
●アクセス…台鉄「彰化駅」より、台湾好行バス・6936番鹿港線に乗り、約1時間43分の「臺灣玻璃博物館」下車すぐ。または鹿港老街付近よりタクシーで約15分。

▲ポップな印象を与える龍のカタチのかわいらしい提灯。

彰化の鹿港は古都として有名だが、町の中心より西に二キロほど行くと、離れ島となる工業地帯が見えてくる。無機質な景観が続くエリアだが、その一角に突如現れるのが、二〇一二年創建の玻璃媽祖廟台湾護聖宮である。

写真の通り、外観はガラスが多く使われており、その数は七万枚という。LEDをふんだんに取り入れたライトアップにより、廟の概念を覆すほどのきらびやかな景観を生み出している。

祀られているのは媽祖。斬新な聖殿だが、優しい女性の神を祀るにはピッタリの美しい廟である。

▲媽祖が祀られる本殿。LEDの神秘的なライティングが施されている。

パワースポット

085

夢で観た〃妖精の国〃を再現した貝殻廟

三《サン》清《チン》三《サン》元《ユエン》宮《ゴン》貝《ベイ》殻《クゥー》廟《ミィアォ》

―Sanqing Sanyuangong Beike Miao―

彰化縣福興郷振興巷10之1號

▲主神となる三清の他にも、黄さんが夢で見たという様々な妖精たちも鎮座している。

【MAP】

P167／B＋3

- 宗教…道教
- 神…三清ほか
- アクセス…鹿港の「市場前」バス停より、員林客運バス・6708番王功行きに乗り、「福北」下車、南へ徒歩約6分。

▲台湾中から集めてきたという貝殻の装飾が象徴的だが、構造は石を積み上げてできたもの。外壁はむき出しなので、併せて見学すると良いだろう。

貝殻で装飾された廟と言えば、新北の富福頂山寺（P18）が有名だが、台湾中部にも貝殻装飾を持つ廟があった。それがここ三清三元宮貝殻廟である。

由来は一九七〇年代に遡る。黄さんという人が十代の頃から貯めたお金で熱帯魚の養殖地として土地を購入。後に彼は水族館を開館し成功したが、同時期より〝妖精の国〟にいる夢を見るようになったという。その夢のお告げにより、このような寺院を建てるに至ったそうだ。

創建は一九九七年。富福頂山寺より一年遅かったようだが、そのインパクトは負けず劣らずである。

▲黄さんのエピソードと合わせると、熱帯の海の中にいるような錯覚も覚える。

▲無人廟であるため、カップラーメンを食べたい場合は自分で取り出し、左のサーバーでお湯を注ぐ。

▲土地公となる福徳正神、そして大樹を祀る神殿。

パワースポット

086

カップラーメンを無人で振る舞う廟

大竹村福榕宮《ダーツーツンフゥロンゴン》

— Dazhucun Furonggong —

彰化縣芬園郷大竹村大彰路一段875號

【MAP】

P167／C＋3

●宗教…道教
●神…福徳正神
●アクセス…台鉄「彰化駅」より、自強號（特急）台東行きに乗り、約12分の「員林駅」下車。彰化客運バス・6925A番南投線に乗り、約38分の「大松腳」バス停下車すぐ。

カップラーメンにまつわる廟と言えば、台湾では南投の中寮石龍宮（P86）が有名だが、ここ大竹村福榕宮も廟自体は小さいながらも、参拝後に無料で食べることができる。

祀られるのは福徳正神と大樹で、本殿脇にカップラーメン用ボックス、お湯が出るサーバーがある。何故廟でカップラーメンを食べるのかの理由は中寮石龍宮と同様なので、そちらをご参照されたい。

▲寺内の随所に鎮座する金色の神像。財運向上を祈願する人が多く参拝するようだ。

▲大梵天王を囲むように、無数の神々が鎮座するお堂。

パワースポット

087

東南アジア最多の四面仏が鎮座

彰化四面仏寺《チャンホアスーミィエンフォースー》

— Zhanghua Simianfo Si —

彰化市石牌路一段480號

【MAP】

P167／C＋2

●宗教…仏教
●神…四面仏ほか
●アクセス…台鉄「彰化駅」より、彰化客運バス・6911番六股路行きに乗り、約38分の「六股路」バス停下車、北東へ徒歩約30分。または、タクシーで南東へ約30分。

大小様々な寺や廟がある彰化西部の石牌路界隈。中でも最も有名な寺がここ彰化四面仏寺だ。無数の四面仏が鎮座しており、その数は東南アジア最大とも言われている。

主神は大梵天王と呼ばれる四面仏（写真右）で、過去六回の転生をしたと言われている。四つの顔、八つの耳、八つの腕を持ち、複数の仏具を持ちながら人々の暮らしを見守っている。

▲大仏内部は入ることができ、内部では仏陀の物語を学ぶことができる。

▲八卦山は緩やかな山であり、近隣には空中に橋を渡した歩道などもあるため、散策コースとしても人気がある。

パワースポット

088

二十三メートルの大仏が街を見守る

八卦山《パーグァシャン》大仏《ダーフォー》

Baguashan Dafo

彰化市温泉路31號

【MAP】

P167／C+2

●宗教…仏教／道教／儒教
●神…釈迦、孔子など
●アクセス…台鉄「彰化駅」より、彰化客運バス・6912番員林行きに乗り、約4分の「交通隊」バス停下車、中山路二段を北に東民街に入り、卦山路を北東へ進む。徒歩約12分。

台湾八景の一つに認定されており、彰化観光では絶対にハズせない八卦山大仏寺。シンボルとなる全高約二十三メートルの大仏は鉄筋コンクリート製。奈良と鎌倉の大仏を模して作られた釈迦牟尼仏である。

大仏の裏手にある大仏寺は各フロアに聖先師孔子、神関聖帝君、釈迦牟尼仏が鎮座しており、儒教、仏教、道教が渾然一体となっている。

▲地獄に行くと、舌を抜かれたり、ノコギリで体を切り刻まれたりとリンチの連続である。

▲十八層地獄の入口。一見、ユニークにも映るが、中ではとんでもない地獄が待っている。

パワースポット

089

地獄を体験できる霊屋敷

南天宮《ナンティエンゴン》十八層《シーバーツォン》地獄《ディユィ》

Nantiangong Shibaceng Diyu

彰化市公園路一段187巷12號

【MAP】

P167／C+2

●宗教…道教
●神…斉天大聖、東嶽大帝ほか
●アクセス…台鉄「彰化駅」より、彰化客運バス・6912番員林行きに乗り、約4分の「交通隊」下車。中山路二段を北に公園路一段を東へ進み、公園路一段187巷に入る。徒歩約12分。

上の八卦山大仏寺からほど近い南天宮。この中に十八層地獄という、地獄を体験することができる霊屋敷がある。

入場料を払い、中に入ると、LEDの照明をバックに電動仕掛けの人形が、道教で考えられる〝地獄〟を次々と表現している。極めて陰惨なシーンが多いが、「悪いことをするとこうなります」の具現化である。見学後は誰でも善行に努めたいと思えるはず。

パワースポット
090

大樹と合体し、人々を病気から守る小さな廟

古樹公《グゥシュウゴン》

—Gushugong—

彰化市永靖郷福興村永福路二段380號（對面）

▲かなりインパクトがある景観だが、ここと同様に、大樹を祀る廟が台湾には数多くある。

【MAP】

P167／C＋3

- **宗教**…民間信仰
- **神**…大樹（バンヤン）
- **アクセス**…台鉄「彰化駅」より、自強號（特急）台東行きに乗り、約12分の「員林駅」下車。員林客運バス・6706番海豐崙行きに乗り、約50分の「福興」バス停下車すぐ。

▲地面から伸びる大樹の根に、拝殿を食い込ませた構造である。

新北の八分寮福徳宮（P17）は、もともとは大樹があったため、結果的に道路の真ん中に立ち続けている廟だが、ここ古樹公はできる限り大樹をいじらない代わりに、大樹の根から伸びる枝に柱を組み、廟機能を合体させたものだ。

やはり道路の真ん中に建っており、「交通面で良くない」と、当初地元の自治体は大樹を別の場所に移植する計画を立てたという。しかし、古くから大樹を神として祀ってきた地元住民が反対。結果的に大樹と廟はそのまま存続された。写真には写っていないが、大樹の隣に警告灯があり、大樹の中にも安全のための電灯が備え付けられているという。

この大樹を拝むと、「病気が治る」と言われており、地元では今も毎日大切に祀られているようだ。また、毎年の中秋節（中秋の名月を祝う祭）では、廟を管理する人が劇団を招くなどし、大樹の存命を祝い、地元の催しとしておおいに盛り上がるという。

パワースポット

091

龍山寺と並ぶ台湾の代表廟の一つ

鹿港天后宮《ルーガンティェンホウゴン》 ―Lugang Tianhougong―

彰化縣鹿港鎮中山路430號

▲立派な牌楼（門）を構える鹿港天后宮。台湾中から参拝者が訪れるため、界隈には飲食店も多い。

▲長い歴史を物語る廟内装飾や、世界に六つしかない開基媽祖神像など芸術的な評価も高い廟である。

【MAP】

P167／B＋2

●**宗教**…道教
●**神**…媽祖ほか
●**アクセス**…台鉄「彰化駅」より、彰化客運バス・6900番鹿港行きに乗り､約1時間15分の「合作社」下車、北西へ徒歩約7分。

台湾初の寺院であり、四百年以上もの歴史を持つ媽祖廟。古都・鹿港のランドマークであるだけでなく、台北の龍山寺（P34）と並ぶ台湾を代表する廟の一つである。

当初は中国福建省からの移民の守護神として、また海の神として信仰されていたようだが、後に媽祖だけでなく複数の神々が祀られると、台湾全土から参拝者が訪れるようになったという。

パワースポット

092

百年以上の歴史がある中華様式教会

耶穌聖心堂《イエスウシァンシンタン》 ―Yesushengxintang―

彰化縣田中鎮中潭里員集路三段125巷34號

▲白に緑の屋根、そして真っ赤な入り口がまばゆい中華様式のキリスト教会である。

▲庭園にはイエス・キリスト像はもちろん、聖書に準じた天使の像があり、見て回るだけでも癒される。

【MAP】

P167／C＋3

●**宗教**…キリスト教
●**神**…イエス・キリスト
●**アクセス**…台鉄「彰化駅」より、自強號（特急）潮州行きに乗り、約21分の「田中駅」下車、北へ徒歩約18分。

キリスト教が彰化・田中エリアに伝来したのは一八〇〇年代末期。しかし、当時はインフラが満足ではなく、往時、礼拝は小屋で行っていたようだが、後の一九一四年、信徒たちの強い希望により、やっとこの教会が開かれたという。

以降百年以上、地域の人々に愛され続ける信仰の中心となっているが、写真の通り建物は中華様式であり、ところどころに道教の紋様も装飾されている。

▲刀ポーズをとる巨大な玄天上帝像。地域の安全、健康、学力向上に霊験あらたかだという。

パワースポット

093

指を刀印にした玄天上帝が鎮座

員林衡文宮《ユエンリンホンウェンゴン》 ― Yuanlin Hengwengong ―

彰化縣員林市民生里萬年路一段379號

▲本殿。1975年創建と古い廟だが、フロアの一部には床暖房などの最新機能もある。

【MAP】
P167／C＋3

- **宗教**…道教
- **神**…玄天上帝ほか
- **アクセス**…台鉄「彰化駅」より、自強號（特急）潮州行きに乗り、約12分の「員林駅」下車、南東へ徒歩約15分。

彰化・員林エリアのランドマーク的廟で、左手の指で刀のポーズをとる玄天上帝像がシンボルだ。玄天上帝を祀る聖殿としては高雄の北極亭（P114）が有名だが、その巨大像と見比べると、こちらのほうが何故か親しみやすく感じる。

独自の奨学金制度を設け、多くの子どもたちの進学をサポートするなど、地域への貢献度が実に高い廟である。

パワースポット

094

蒋介石が神として祀られる

金盾城隍廟《ジンドゥンチァンホァンミィアォ》 ― Jindunchenghuangmiao ―

彰化縣花壇鄉金城街98號

▲極めて質素なローカルな廟だが、数少ない“蒋介石廟”の一つであり、歴史研究者なども訪れるという。

【MAP】
P167／C＋3

- **宗教**…民間信仰／道教
- **神**…城隍神、蒋公神ほか
- **アクセス**…台鉄「彰化駅」より、彰化客運バス・6912番員林行きに乗り、約45分の「金墩」下車、西へ徒歩約7分。

▲明るいとは言えない廟の一角に蒋介石像が鎮座する。

のどかな農村に建つローカルかつ素朴な聖殿だが、蒋介石を神として祀る数少ない廟の一つとして知られ、県外からも参拝者が訪れることがあるという。

もともとは城隍神を祀るために創建されたが、後に複数の神を祀るようになりその一つとして蒋介石も鎮座に至ったようだ。「権力者を神とする」ことから社会批判を浴びたこともあったが、廟の主は「信仰は自由だ」とし祀り続けているようだ。

▲不規則な凹みが外壁を覆い、神が鎮座する様は、何かの顔のようにも映る。

パワースポット

095

顔のようにも映る千手観音の寺

一《イー》旨《ジー》山《シャン》千《チェン》仏《フォー》寺《スー》

Yizhishan Qianfosi

雲林縣古坑郷棋盤村興園34之6號

▲取材時はたまたま供物の儀式が行われていた。

▲廟の出口付近。

▲四面仏のほか、複数の仏教・道教の神々が鎮座する。

雲林県・古坑の湖山水庫というダムのすぐ近くに個性的な聖殿がある。それがここ一旨山千仏寺である。

仏教と道教が渾然一体となる寺ではあるが、写真の通り仏教、道教の建築様式からは飛躍しており、もはや一見では何を祀っているかはわからないほど自由である。しかし、凝視してみると、不規則な凹みには龍が絡まっているし、入口上部には道教の神々も鎮座している。再び正面の全体像を広角で見れば〝顔〟のようにも映る。実に、凝りに凝った聖殿である。内部は、外装同様デコボコとしており、そのところどころに複数の神々が鎮座しているが、主神は観世音菩薩である。

独特の寺院ではあるが、こちらの神々は健康祈願、財運向上などに効果があるとされ、多くの地元の人々が連日参拝に訪れているようだ。

【MAP】
P167／C＋4

●宗教…仏教
●神…観世音菩薩ほか
●アクセス…台鉄「斗六駅」より、臺西客運バス・7131A番梅林行きに乗り、約52分の「麻園」下車、北へ徒歩約2分。

▲取材時は大型バスで、揃いの制服を着た団体参拝者（観光客ではない）が訪れていた。

▲本堂付近には道教由来の像が数多く鎮座している。その大半は色鮮やかで親しみやすい。

パワースポット

096

地母至尊により地球が成り立つ

健徳寺地母廟《ジェンドァスーディムゥミィァオ》 ― Jiandesi Dimumiao ―

雲林縣古坑郷荷苞村小坑5號

道教は陰陽五行説とも密着しているため、宇宙にまつわる廟も数多くある。〝宇宙の母〟と呼ばれる地母至尊が祀られていることで有名なのがここ健徳寺地母廟である。

廟内の真ん中には巨大な地球がある。これは八卦九龍池掌地球と呼ばれるもので、地球は八卦（古代から伝わる易の基礎）で成り立ち、その最高位は地母至尊だという考えを具現化したものである。

【MAP】
P167／C＋4

●**宗教**…仏教
●**神**…地母神ほか
●**アクセス**…台鉄「斗六駅」より、臺西客運バス・701番草嶺行きに乗り、約55分の「荷苞厝」下車、南西へ徒歩約8分。

パワースポット

097

神々と同様に巨大な金炉が名物

北港武徳宮《ベイガンウードァゴン》 ― Beigang Wudegong ―

雲林縣北港鎮華勝路330號

五路財神爺と呼ばれる武財神を祀る廟で、その名の通り財運向上に効果がもたらされると言われている。廟内にある金炉（写真）は世界最大と言われ、昼夜問わず神様に捧げる金紙が焼かれる。

北港の廟は左の朝天宮が有名だが、こちらも是非立ち寄ってみて欲しい。

【MAP】P167／B＋4

●**宗教**…道教　●**神**…財神ほか
●**アクセス**…台鉄「台中駅」より、台中客運バスに乗り、約1時間51分の「新街站」下車、南へ徒歩約4分。

パワースポット

098

台湾屈指の媽祖廟の一つ

北港朝天宮《ベイガンチャオティェンゴン》 ― Beigang Chaotiangong ―

雲林縣北港鎮中山路178號

一六九四年創建。雲林の媽祖の総本山として、あまりに有名な廟。主神はもちろん媽祖だが、道教の神々はもちろん、観世音菩薩などの仏教の神々も鎮座している。

廟の周辺は古都らしく、小さな商店が立ち並ぶ。界隈の散策も含めて行ってみると良いだろう。

【MAP】P167／B＋4

●**宗教**…道教　●**神**…媽祖ほか
●**アクセス**…台鉄「台中駅」より、台中客運バスに乗り、約1時間53分の「北港站」下車、南東へ徒歩約12分。

パワースポット

099

台湾で唯一日本の観音神像を祀る

土庫順天宮《トゥークシュンティェンゴン》 | Tuku Shuntiangong |

雲林縣土庫鎮順天里中正路109號

雲林・土庫エリアにある媽祖廟。日本統治時代の公民化運動の際、取り壊しが命じられたが、心ある日本人の尽力で難を逃れたことでも知られる。

後殿には、台湾唯一の日本の観音神像が祀られている。小さな神像なので見学の際は廟の方に尋ねてみると良いだろう。

【MAP】P167／B＋4

●宗教…道教　●神…媽祖ほか
●アクセス…台鉄「斗六駅」より、臺西客運バスに乗り、約1時間47分の「土庫」下車、南へ徒歩約6分。

パワースポット

100

無数の仏が迎える巨大仏教聖殿

湖山寺《フゥシャンスー》 | Hushansi |

雲林縣斗六市岩山路48號

雲林・斗六エリアにある巨大観音寺。歴史は古く一番最初の創建は一七二五年。その後、幾多の修復を経て、現在のような巨大仏教聖殿の構築に至っている。

シンボルは巨大な弥勒大仏だが、主神は観世音菩薩。この他、院内には無数の神像が鎮座する。

【MAP】P167／C＋4

●宗教…仏教　●神…観世音菩薩ほか
●アクセス…台鉄「斗六駅」より、臺西客運バスに乗り、約52分の「湖山岩」下車、南東へ徒歩約5分。

パワースポット

101

庭園が美しい中華混在の教会

饒平天主堂《ラオピンティェンジュウタン》 | Raoping Tianzhutang |

雲林縣莿桐鄉饒平村饒平路73巷16之1號

▲礼拝堂。緑、白、赤を基調とした中華様式建築に、ケルト十字が掲げられている。

【MAP】
P167／C＋4

●宗教…キリスト教
●神…イエス・キリスト
●アクセス…台鉄「斗六駅」より、臺西客運バス・7132A番西螺行きに乗り、約58分の「饒平」下車すぐ。

雲林最古の教会。一八九〇年に藁小屋から布教を始め、一九〇一年に現在の地に創建されたそうだが、外観は写真の通りの中華様式である。また、院内には香炉などもあるため、ここもまた道教混合型のキリスト教会と呼んで良いだろう。

また、聖書の世界を具現化した庭園にはマリアの礼拝堂や十字架に貼り付けられたイエス像もある。

▲洞窟のようなお堂に鎮座するマリア像。

パワースポット
102

七十三個もの景観が楽しめる宗教庭園

馬《マー》鳴《ミン》山《シャン》鎮《ジェン》安《アン》宮《ゴン》五《ウー》年《ニィエン》千《チィエン》歳《スイ》公《ゴン》園《ユエン》

― Mamingshan Zhenangong Wuniangiansui Gongyuan

― 雲林縣褒忠郷馬鳴村鎮安路31號

▲池の真ん中に鎮座する龍。陸からの地下階段をつたって内部に入ることができる。

▲道教や仏教にまつわる神々の中に恐竜像もある。

▲美しい観音像と王子。

雲林・褒忠馬鳴村エリアにある馬鳴山鎮安宮。廟そのものの創建は一六六二年と古く、地域に道教、仏教を啓蒙したことでよく知られている。

主神は十二人で構成される王子・五年千歳であり、毎年十月にはこの十二人の王子の誕生日を祝う祭祀が行われることも有名だ。

この馬鳴山鎮安宮に隣接するのが、馬鳴山鎮安宮五年千歳公園。厳密には神を祀る聖殿ではなく、廟の背景にある道教と仏教の世界観を具現化している公園だが、参拝と併せて散策して欲しい。

園内には巨大な池があり、池の真ん中には船型をした龍の像がある。筆者にはこの龍の表情がどうしても泣いているように見え、見ているとだんだん自分まで同じ表情になってしまったりするのだが、この龍もまた園内の無数の像を守り続けているようにも感じる。

【MAP】
P167／B＋4

- 宗教…道教／仏教
- 神…なし
- アクセス…台鉄「台中駅」より、台中客運バス・9015番に乗り、約1時間32分の「褒忠」下車。臺西客運バス・7110番に乗り継ぎ、約19分の「馬鳴山」下車、南西へ徒歩約4分。

パワースポット

103

今も大切に残される神社跡

林内公園《リンネイゴンユェン》（林内神社遺跡《リンネイシェンショァイージー》）
— Linneigongyuan (Linneishenshe Yiji) —
雲林縣林内郷公園路70號

雲林・林内駅徒歩圏内にある公園。一九三五年創建の神社があった場所で、今も中正路沿いにやや改変された大鳥居、石段を登ったところに鳥居がそびえている。

また、石灯籠や狛犬なども残っている他、近年復元された手水舎なども ある。

【MAP】P167／C＋4

●宗教…現在はなし　●神…現在はなし
●アクセス…台鉄「斗六駅」より、區間車（普通）台中行きに乗り、約7分の「林内駅」下車、南へ徒歩約7分。

パワースポット

104

スポーツ公園となった神社跡

北港公園《ベイガンゴンユェン》（北港神社遺跡《ベイガンシェンショァイージー》）
— Beiganggongyuan (Beiganshenshe Yiji) —
雲林縣北港鎮文化路１７９號

雲林・北港の北港遊泳池および北港公園は日本統治時代に神社があった場所。今日も往時の鳥居が立ち続けている。

北港公園は地元の人たちのスポーツのメッカと化しており、取材時はウォーキングをする人、ベンチで談笑する人などで賑わっていた。

【MAP】P167／B＋4

●宗教…現在はなし　●神…現在はなし
●アクセス…台鉄「台中駅」より、台中客運バスに乗り、約1時間53分の「北港站」バス停下車、北東へ徒歩約8分。

パワースポット

105

樹齢四百五十年以上の大木を祀る

新庄永安宮《シンヂュアンヨンアンゴン》
— Xinzhuang Yongangong —
雲林縣古坑郷新庄村１０１號

▲大樹を祀る廟。極めて質素ではあるが、香炉脇には椅子が置かれ、日頃は地域の人々の談笑の場でもあることがわかる。

▲廟の背面にある樹齢450年とも言われる大樹。赤い飾りがなされ大切に祀られている。

【MAP】
P167／C＋4

●宗教…道教
●神…大樹、茄苳王公
●アクセス…台鉄「斗六駅」より、臺西客運バス・7131A番梅林行きに乗り、約49分の「棋盤」下車、南へ徒歩約23分。または、タクシーで約26分。

雲林の新庄村付近を通りがかった際に見つけたごく小さなパワースポット。樹齢四百五十年と言われる大樹を神として祀っているが、この大樹は台湾全土の百大列管老樹（大樹百選）の一つとしても選出されたという。

廟周辺は穏やかな空気に包まれ、不思議と癒されるような雰囲気がある。これも長きに渡って地域を見守る大樹の恩恵かもしれない。

祭祀儀式と童乩《タンキー》とは何か

■聖殿ごとの祭祀儀式

　ここまで読んでいただいた通り、台湾には実に多様な宗教があり、様々な聖殿と神々があるが、それら同様に重要視されるのが各聖殿で定例となる祭祀儀式および宗教行事の数々である。

　有名なものは大甲鎮瀾宮（P67）からスタートし、媽祖が複数の媽祖廟を巡回し、嘉義の新港奉天宮（P93）他、百に近い廟を巡礼した後、再び大甲鎮瀾宮へと戻ってくる媽祖巡幸という行事だ。当初の行程は一週間前後の巡礼だったが、現在は約九日間に増え、往復約三百キロにも及ぶという。これは世界三大宗教行事にも認定された他、台湾では国の重要無形文化財にも指定された。

　さらに、有名なのが東港東隆宮（P112）で三年に一度行われる東港迎王平安祭。祭は八日間にわたって複数の儀式が執り行われるが、中でも有名なのが〝焼王船〟と呼ばれるもの。数百万元もの金額をかけて作られた王船を焼き払う儀式で、燃やすことで王爺が疫病神を引き連れて、海へと出航していくという言い伝えがある。

　また、古くから地域の自治的意味を持ち、伝統武術を練り歩きながら披露する内門宋江陣、雲林・嘉義・台南の海岸沿いに続く塩田の繁栄を祈願する平安塩祭、道教の神・保生大帝の生誕を祝いながら宗教文化や聖殿建築に再度命を吹き込む保生文化祭など、各所で実に特徴的で賑やかな行事が開催されている。

▲毎年3月、100近い廟を媽祖が練り歩く媽祖巡幸の様子。

▲3年に1度執り行われる東港迎王平安祭の様子。

■神が憑依した童乩

　ところでこういった祭祀では童乩《タンキー》（以下、タンキー）というシャーマンによる儀式が行われることもある。

　タンキーは憑依体質を持つ者で、その廟の主神の意志を人々に伝える役割を果たしている。このため主神と同等にタンキーを崇めるケースがある。タンキーに直面する際は、参拝者は皆真摯な態度でタンキーを崇め、教えを請い、恩恵を受けられるよう願う。

　一方、こういった儀式の際、タンキーは自らの全身に傷をつけ、自らの顔に長い鉄棒を突き刺したり、宗や背中などを刀や法具で叩くなどすることがままある。門外漢にとってはかなりショッキングな場面を見ることになるが、これは神が憑いて痛みを感じないことを表している。もちろん、タンキー自身の経験の誇示や、信奉者を増やすための意味も含んでいる。

▼筆者が五龍山鳳山寺（P108、118）で見たタンキー。激しい自傷行為はなかったが、参拝者は皆真摯な態度でタンキーに向き合い、拝んでいた。

第四章・台南《タイナン》・嘉義《チャーイー》・南投《ナントウ》の聖殿と神々

台湾きっての古都・台南は、台北に次ぐ人気の観光地で、今日の台湾ブームでは、台南のみに絞ったガイドブックも刊行されるほどである。ただし、グルメ探訪や、ショッピング情報が大半で、台南の地に根付く独特の宗教観を知る機会は限られている。

　しかし、台南の町中にある廟、寺院、キリスト教会といった聖殿には必ず奥深い背景があり、台湾をさらに深く知る上での重要な逸話が数多くある。グルメ探訪やショッピングも旅の醍醐味の一つではあるが、是非こういった聖殿も併せての散策をして欲しい。

　そして、台南の北部に隣接するのが嘉義だ。台南同様、古くから栄えたエリアであり、清朝にルーツを持つ廟や寺院が数多くある。

また、日本統治時代の面影が色濃く残るエリアでもあり、神社跡などが数多くある。これらの聖殿や神々を前にすれば、仮にその宗教を信仰しない者であっても、歴史の深さに感動を覚えることだろう。

その嘉義の東に隣接するのが南投だ。中央に台湾屈指の景勝地・日月潭を有し、日本統治時代に〝ニイタカヤマ〟と呼ばれた台湾最高峰の玉山もあるエリア。

原住民が暮らす地域なので、宗教にまつわる聖殿は少ないと思われがちだが、清朝の時代に移住した漢族をルーツにする慣習も深く根付いており、それにともなって信仰される廟、寺院も数多くある。個性的な聖殿も多いので、是非行ってみて欲しい。

また、南投は、有名な霧社事件に代表されるように原住民と日本人の間で激しい戦いがあった地域でもある。聖殿の来訪と併せて、こういった史実の舞台も巡ってみると、台湾とは何かがより浮き彫りになるかもしれない。

パワースポット

106

カップラーメンを供えカップラーメンを食べる廟

中寮石龍宮《チォンリィアォシーロンゴン》

Zhongliao Shilonggong

南投縣中寮鄉龍南路303之9號

▲神殿に向かって、カップラーメンを供えお願いごとをする女性。

▲参拝後、廟の脇のテーブルでカップラーメンを食べると、運気が上がると言われている。

▲カップラーメンの在庫。全て無料で食べることができる。

通称〝カップラーメン廟〟。南投・中寮エリアにある廟で、ここではカップラーメンを神に供え、さらに参拝後にカップラーメンを食べることで、運気が高まると言われている。

もともとは土地公として福徳正神を祀る小さな祠に過ぎなかったようだが、一九八〇年代に台湾の宝くじ・大家楽が流行り始めると、多くの人々が当選番号を教えてもらうためにこの廟を訪れるようになったという。そういった人々の大半は〝運気が高まる〟深夜帯の参拝が多かったようだが、付近に飲食をする場がないため参拝と併せて夜食も採れるようカップラーメンを持参。さらに食べきれなかったカップラーメンを、神に供物として置く人が続出したという。

以来、廟にカップラーメンを供え、食べる慣習が定着し、この廟ならではの参拝儀式になったようだ。

【MAP】
P168／E＋3

- 宗教…道教
- 神…福徳正神
- アクセス…台鉄「台中駅」より、總達客運バス・6333番水里行きで約2時間45分の「南投站」下車。彰化客運バス・6920番内城行きに乗り継ぎ、「新城」下車、徒歩約8分。

パワースポット

107

巨大神像が鎮座する南投の代表的寺院

中台禅寺《チォンタイチャンスー》 | Chungtai Chansi |

南投縣埔里鎮一新里中台路2號

▲神像はいずれも巨大であり、つい高揚しがちだが、静粛に努めよう。

▲かなり巨大な聖殿で、参拝者だけでなく大型バスの観光ツアー客も多く訪れる。

【MAP】
P168 / F+2

● **宗教**…仏教
● **神**…釈迦
● **アクセス**…台鉄「台中駅」より、南投客運バス・6899番埔里行きに乗り、約2時間の「埔里站」下車。6650番大坪頂行きに乗り換え、約40分の「中台禪寺」下車すぐ。

南投の山にある巨大禅宗寺院で、台湾の仏教徒なら知らぬ者はいない名所。釈迦を主神としながら四大天王、韋駄天、弥勒など複数の神々が祀られているが、いずれの神像も巨大である。

広大な敷地に建つ各聖殿は、従来の寺院様式とは異なり、中国と西洋の工法を用いたもの。その美しさから数々の建築デザイン賞も受賞しているようだ。

パワースポット

108

竹帽子を被ったひょうたん型廟

慈徳宮《ツードァゴン》**（葫蘆廟《フールーミャオ》）** | Cidegong (Hulumiao) |

南投縣草屯鎮山脚里虎山路威虎巷55號

▲廟の後方にある道教庭園。様々なモチーフの像があって楽しい。

▲ひょうたんドーム型の珍しい聖殿だが、廟の主は「深い意味はない」とも。柱や天井画などの装飾も手が込んでいる。

【MAP】
P168 / E+2

● **宗教**…道教
● **神**…大日如来ほか
● **アクセス**…台鉄「員林駅」より、彰化客運バス・6924番南投行きに乗り、約1時間17分の「牛埔頭」下車。東へ徒歩16分。

南投西部の草屯エリアにあるひょうたん型廟で、写真の通り台湾の農村などで定番の竹帽子を模した入口となっている。

廟の主によればある日夢枕に主神・大日如来が現れ、このような聖殿を作るよう命じられただけで、深い意味はないとも言うが、外観のインパクトは台湾でも指折りと言って良いだろう。

本殿の脇から後方にかけては道教の物語を具現化した庭園もあり、散策も楽しい。

パワースポット
109

神様がお金を貸してくれる廟

竹山紫南宮《ツーシャンズーナンゴン》 ｜Zhushan Zinangong｜

南投縣竹山町社寮里大公街40號

▲廟内にある貸金カウンター。借金したい人は①②③へ、返金したい人は④⑤⑥へ。

【MAP】
P168／E＋3

●**宗教**…道教
●**神**…福徳正神ほか
●**アクセス**…台鉄「台中駅」より、台中客運バス・6188番に乗り、約53分の「山脚（紫南宮）」下車。員林客運バス・6726番に乗り継ぎ、約8分の「社寮」下車、徒歩約4分。

南投・竹山エリアにある財神廟で金運向上を望む人々で連日賑わっている。

〝社会から取った物は、社会に使わせる〟という独特の思想に基づき、主神となる福徳正神から借金ができるシステムを採用。

〝六六大順〟という語呂合わせから金額は上限六百元までとされており、一年以内の返金がルール。ただし、利息は自由に決めて良いようだ。

▲「金の卵を生む」という理由で神格化される金鶏像。参拝者の大半が触っていく。

パワースポット
110

山奥にある聖殿

玉慈宮《ユイツーゴン》 ｜Yucigong｜

南投縣中寮郷清水村瀧林巷15之8號

南投・中寮エリアの紫雲山にあり、道なき道を五十分ほど車で走り入りたどり着く秘境の廟。

道教と仏教が混在する廟で、中には多くの神々が鎮座している。また、日本の寺から譲り受けたという桃のカタチの装飾品も多くの神々の中で静かに飾られている。

【MAP】P168／F＋2

●**宗教**…道教／仏教　●**神**…福徳正神ほか
●**アクセス**…南投のバス停「総達客運南投站」付近より、タクシーで南へ約45分。

パワースポット
111

憩いの公園となった神社跡

竹山公園《ツーシャンゴンユェン》**（竹山神社遺跡**《ツーシャンシェンシェイージー》**）** ｜Zhushans Gongyuan (Zhushanshenshe Yiji)｜

南投縣竹山鎮集山路三段1350巷16號

園内広場にゲートボール場が常設されるなど、ご老人たちの憩いの場となっている竹山公園。ここは日本統治時代、竹山神社があった場所である。

公園までの道路入口にややゆがんだ鳥居がそびえる他、園内崖沿いに大型の石灯籠や狛犬が残っている。

【MAP】P168／E＋3

●**宗教**…現在はなし　●**神**…現在はなし
●**アクセス**…台鉄「台中駅」より、台中客運バスに乗り、「台中客運竹山站」下車、西へ徒歩約5分。

パワースポット

112

三万六千以上の神々と銅像が鎮座

萬丹宮《ワンタンゴン》 ― Wandangong ―

南投縣名間鄉萬丹村新丹巷13號

▲鬼と原人と宇宙人を合体させたような像。一見怖いが、よく見ればポーズがチャーミングである。

▲外部に見慣れない像が多数あることもあり、少々怖くて入りづらかったが、廟のご主人が親切に招き入れてくれた。

南投・名間エリアにある〝奇廟〟として知られ、三万六千以上の神像や銅像がある萬丹宮。正直かなり入りづらかったが、やたらと吠える番犬のおかげで廟の主が筆者に気付き「無料だから見ていきなさい」と、招き入れてくれた。

廟の内部には所狭しと様々な神像が並んでいるが、道教や仏教などのものを柔軟に鎮座させ、祀っているとのことだった。

【MAP】
P168／E＋3

●**宗教**…道教／仏教など
●**神**…玉皇大帝ほか
●**アクセス**…台鉄「台中駅」より、總達客運バス・6333番水里行きに乗り、約2時間45分の「南投站」下車。付近からタクシーで南へ約15分（ただしタクシーはごくわずか）。

パワースポット

113

約八メートルの王子が守護神

天宝堂《ティエンバオタン》 ― Tianbaotang ―

南投縣魚池鄉武登村銃櫃巷23號

景勝地・日月潭から約一・五キロほどの銃櫃エリアにある廟。日本統治時代、漢人により創建されて以来、主神の三恩主が地域を守り続けている。

追って祀られるようになった太子元帥は、約八メートルの像にもなり、地域のシンボルとして愛されているようだ。

【MAP】P168／F＋3

●**宗教**…道教　●**神**…関聖帝君ほか
●**アクセス**…台鉄「水里駅」より豐榮客運バス・6289番埔里行きに乗り、約35分の「銃櫃」下車すぐ。

パワースポット

114

風水で最良の地に鎮座する〝宇宙の母〟

寶湖宮《バオフゥゴン》地母廟《ディムウミャオ》 ― Baohugongdimumiao ―

南投縣埔里鎮枇杷路94號

南投・埔里の中心部から東南に一・五キロほどの金鶯山のふもとにある巨大聖殿。

主神は〝宇宙の母〟と呼ばれる地母至尊で、他にも複数の神が鎮座している。風水的に最良と言われる立地であり、南投きってのパワースポットとして知られている。

【MAP】P168／G＋2

●**宗教**…道教　●**神**…天公地母ほか
●**アクセス**…「埔里站」バス停付近から、タクシーで南東へ約10分。

パワースポット

115

神社遥拝所跡地にできた鳥居がテーマの喫茶食堂

鳥《ニィアォ》居《ジュ》喫《チィー》茶《チャア》食《シー》堂《タン》

—Niaoju Kaichashitang—

南投縣埔里鎮公誠路86號

▲鳥居喫茶食堂の鳥居。観光客の多くは浴衣をレンタルし、この鳥居の前で写真を撮る。

▲隣接する敷地にある遙拝所跡の手水鉢。

▲日本とは関係ないが、地面から手が生えるオブジェ。

▲巨大な折り鶴のオブジェ。

二〇一九年現在、日本人向けガイドブックではまだ紹介されていない、鳥居をテーマにしたレストラン兼複合施設。

和式の太鼓や巨大な折り鶴のオブジェがある他、館内では有料で浴衣のレンタルサービスもある。多くの台湾人観光客は借りた浴衣を着て鳥居の前で写真を撮り、SNSにアップするなど、おおいに楽しんでいる様子だ。

事前知識ないままここに立ち寄った筆者は、当初あくまでも観光施設で神々とは関係のない場所だと思っていた。しかし、賑やかなレストランのすぐ脇にどうも気になる空き地がある。覗いてみると、そこには明らかに神社に関連する手水鉢が残っていた。

後で調べると、かつてここには台湾製糖の企業神社の遙拝所があったという。つまり、確かに神がかった場所だったのである。

【MAP】

P168／F＋2

●宗教…現在はなし

●神…現在はなし

●アクセス…台鉄「台中駅」より、南投客運バス・6268F番埔里行きに乗り、約1時間45分の「埔里酒廠」下車、北へ徒歩8分。

パワースポット
116
抗日運動の英雄を称える公園
霧社《ウーシャ》抗日《カンリィー》英雄《インシォン》紀《ジ》念公園《ニィエンゴンユエン》
— Wushe Kangriyingxiongjiniangongyuan —
南投市仁愛郷仁和路4號

▲モーナ・ルダオ像。筆者は複数回訪れているが、いつも参拝者の痕跡がある。

▲霧社抗日英雄紀念公園の白い門。忠烈祠を感じさせる。

【MAP】
P168 ／ G＋2

●**宗教**…なし
●**神**…莫那魯道ほか
●**アクセス**…台鉄「台中駅」より、南投客運バス・6268F 番埔里行きに乗り、約2時間の「地理中心碑」下車。6661番に乗り換え、約1時間の「霧社」下車、南へ徒歩約6分。

台湾最大の抗日事件だった霧社事件。経緯は日本でも話題になった映画『セデック・バレ』に詳しいが、台湾の歴史、日台の関係を理解する上で重要な史実の一つである。

ここは霧社事件の舞台となった霧社エリアにある公園で、近隣の小学校（現在は電力会社施設）で日本人百三十四人の殺害を首謀したモーナ・ルダオを神として称えている。

パワースポット
117
霧社事件の舞台の一つ
徳龍宮《ドァロンゴン》（霧ヶ岡《ウーチィウ》社《シェァ》遺跡《イージー》）
— Delonggong (Wuqiushenshe Yiji) —
南投縣仁愛郷大同村介寿巷36之1號

▲現在の福龍宮。孔子廟（儒教廟）であるため、道教廟とは建築様式が異なる。

▲年季が入った真っ赤な鳥居。福龍宮の扁額が掲げられている。

【MAP】
P168 ／ G＋2

●**宗教**…儒教
●**神**…孔子、福徳正神ほか
●**アクセス**…台鉄「台中駅」より、南投客運バス・6268F 番埔里行きに乗り、約2時間の「地理中心碑」下車。6661番に乗り換え、約1時間の「霧社」下車、北へ徒歩約6分。

霧社の中心の小高い山にある徳龍宮という孔子廟は、かつて霧ヶ岡社（霧社神社とも）という神社があった場所。今なお石段手前には真っ赤な鳥居があり、石灯籠の一部もある。

ここは一九三二年、霧社事件の収束直後に創建されている。霧社事件により亡くなった多くの日本人および味方蕃が合祀された神社でもあったが、現在、その英霊は日本の靖国神社に移されているようだ。

パワースポット

118

水牛公園の中の水牛を祀る廟

嘉義水牛厝牛将軍廟《チャーイーシュイニィウツオニィウジャンジュンミャオ》
| Chiayi Shuiniucuo Niujiangjunmiao |
嘉義縣太保市南新里中山路一段64號

▲鄭成功に仕え、台湾湾の開墾期の立役者でもあった水牛。本殿では、等身大に近い像が鎮座している。

▲嘉義水牛厝牛将軍廟。中には数々の要人たちが参拝した写真なども飾られている。

嘉義・太保エリアにある公園の中に、台湾で唯一水牛を神として祀る廟がある。それがここ嘉義水牛厝牛将軍廟である。

水牛が祀られる理由は鄭成功に由来する。鄭成功は八頭の水牛を連れて台湾に来たようだが、当時は荒れ果てており、八頭の水牛は全て過労で息絶えたという。台湾の開墾期を忘れないため、また、開墾に貢献した水牛に感謝の意を込めてこの廟に神として祀り称えているという。

【MAP】
P169／B＋2

●宗教…道教
●神…牛将軍
●アクセス…台鉄「嘉義駅」より、嘉義客運バス・7201番北港行きに乗り、約36分の「水牛厝」下車すぐ。

パワースポット

119

清の時代の忠実な犬を祀る

忠義十九公廟《ツォンイーシージウゴンミャオ》
| Zhongyi Shijiugongmiao |
嘉義市東區華南里公明路111號

一七八六年、清軍の将軍が殺害される事件があった。事件の前後、飼われていた犬は台南まで助けを求めに行き、また、将軍の遺体からはずっと離れなかったと言われている。この犬を義犬として祀るのがここ忠義十九公廟。地域を守る廟としてもよく知られている。

【MAP】P169／B＋2

●宗教…道教　●神…十九公ほか
●アクセス…台鉄「嘉義駅」より、嘉義縣公車バスに乗り、約10分の「行政執行處（華南商職1）」下車、徒歩約4分。

パワースポット

120

地域を守る金色の菩薩

嘉邑九華山地蔵庵《チャーイージゥホアシャンディザンアン》
| Jiayi Jiuhuashan Dizangan |
嘉義市民権255號

三百年の歴史を持つ七階建ての高層仏教寺。屋上では、この寺特有の金色菩薩が地域を見守る。

数年前の寺の改装時、台湾の新聞やニュースで金色菩薩の首をクレーンでハズす様子が報道され、「神の首を取る」という見慣れない絵が話題となった。

【MAP】P169／B＋2

●宗教…仏教　●神…地蔵菩薩ほか
●アクセス…台鉄「嘉義駅」より、嘉義縣公車バスに乗り、約10分の「行政執行處（華南商職1）」下車、徒歩約4分。

▲廟の隣にはセクシーなお姉さんが掲げられた家屋がある。インターネットを調べると、この家屋とセットで、廟を撮る人も多いという。

パワースポット

121

関聖帝君と水牛が鎮座する

五聖恩主公廟《ウーシャンエンジュウゴンミィアォ》　―Wushengenzhugongmiao―

嘉義縣太保市中山路1之62號

▲水牛を祀る神殿。信仰の由来は、すぐ近くの嘉義水牛厝牛將軍廟と同様である。

【MAP】P169／B＋2

●**宗教**…道教
●**神**…関聖帝君、牛將軍ほか
●**アクセス**…台鉄「嘉義駅」より、嘉義客運バス・7325番北港行きに乗り、約35分の「牛將軍廟」下車すぐ。

右頁の嘉義水牛厝牛将軍廟のすぐ近くの五つの神殿がある廟。一九六五年創建で、主神は関聖帝君だが、信仰者の大半が同じく関聖帝君を祀る慧明社醒善堂に参拝に行くことが多いため、後に複数の神々を祀るようになったという。その中には地域に根付いた水牛の神像も含まれる。

年に二度行われる祭典は県外からも人が訪れるほどおおいに賑わうという。

パワースポット

122

葬儀場に鎮座する福徳正神

新港生命記念館《シンガンションミンジニィエングァン》　―Xingang Shengmingjinianguan―

嘉義縣新港郷新民跲53號

嘉義・新港エリアにある一九八四年創建の総合葬儀場。納骨が行われる懐親堂の一角にニッコリ微笑む巨大な福徳正神が鎮座している。

葬儀場であることから気軽に立ち寄れる場所ではないが、興味がある人は施設に問い合わせて行ってみると良いだろう。

【MAP】P169／B＋1

●**宗教**…なし　●**神**…福徳正神、御霊
●**アクセス**…台鉄「嘉義駅」より、嘉義客運バスに乗り、「後庄路口」下車、北東へ徒歩約2分。

パワースポット

123

千以上も分霊した虎爺の総本山

新港奉天宮《シンガンフォンティエンゴン》　―Xinggang Fengtiangong―

嘉義縣新港郷新民路53號

嘉義・新港エリアの象徴的廟。創建は一七三〇年と古く、この奉天宮の影響から界隈は古都と化している。

主神は媽祖だが、虎爺の総本山としてもよく知られており、これまでに台湾各地に千以上、さらにトルコにも虎爺を分霊したという。

【MAP】P169／B＋1

●**宗教**…道教　●**神**…媽祖、虎爺ほか
●**アクセス**…台鉄「嘉義駅」より、嘉義客運バスに乗り、約1時間30分の「新港電力公司」下車、北へ徒歩約2分。

▲取材の際、筆者が日本人であると知ると、廟の方が手招きしてくれ、親切に義愛公像を近くで見せてくれた。

パワースポット
124

地域の神となった日本人巡査

東石富安宮《ドンシーフゥアンゴン》

― Dongshi Fuangong ―

嘉義縣東石郷副瀬村57號

嘉義市内から西に十五キロほど行った港町・東石。ここに日本人警察官が神として祀られる廟がある。

由来は日本統治時代の一八九七年に遡る。治安が悪く、また教育も進んでいなかったこの村に勤務することになった森川清治郎巡査。彼は村人たちを思い、自費で教師を雇いこの富安宮に私塾を開設。自分の子どもが成績で一位を取った際は除外し、地域の子どもたちを優先し褒め称えたという。

さらに、自ら率先して村人たちに農耕技術の指導をし、溺れかけた村人を命がけで救い、警察官としてもらった進物は村人に分け与えるなどの人道的な行いをし、やがて村人たちは森川巡査に尊敬の念を抱くようになったという。

しかし、状況が暗転する。一九〇二年、台湾総督府が漁業税を課すこととし、この貧しい村にも厳しい納税を迫った。当時、地域で獲れる魚は安価なものばかりであり、税金を払えばただでさえ貧しい生活がさらに困窮する。村人たちはこの嘆願を森川巡査に託した。

しかし、彼が上司に嘆願を申し出ると、「村民の納税拒絶を煽動している」と誤解され、嘆願は受け入れられず、逆に懲戒処分を受けることになった。村人たちを救えなかったこと、そして自分の行いに疑いをかけられたことから森川巡査は後に自決。村人たちはおおいに悲しんだという。

それから二十年後、村に疫病が流行った際、ある村人の夢枕に森川巡査が現れる。夢枕で森川巡査は「環境と飲食衛生に注意するように。そうすれば村は平穏を取り戻せる」と告げて消えたようだが、その言葉通りにすると、本当に疫病感染は収まったという。

この後、村では森川巡査の座像を作り、〝義愛公〟として富安宮に奉祀するようにしたという。以来、〝義愛公〟森川巡査は、村の守護神、そして開拓者として今日まで大切に祀られ続けている。

▲外部には、森川巡査の善行が描かれた立体的な壁画もある。

【MAP】
P169／A＋2

●宗教…道教／民間信仰
●神…王爺神（森川清治郎）ほか
●アクセス…台鉄「嘉義駅」より、嘉義客運バス・7209J 番布袋行きに乗り、約2時間10分の「朴子站」下車。7228 番港墘厝行きに乗り換え、約50分の「副瀬」下車、北へ徒歩約2分。

パワースポット

125

嘉義市が大切に保存する神社跡

嘉義公園《チャーイーゴンユェン》**（嘉義神社遺跡《チャーイーシェンシャァイージー》）**

― Chiayigongyuan（Chiayishenshe Yiji）―

嘉義市公園街46號

▲嘉義公園の参道。立ち並ぶ石灯籠が神社の面影を強く感じさせる。

▲綺麗に保存されている社務所。有料ではあるが、嘉義市史蹟資料館として公開されている。

【MAP】
P169／C＋2

●宗教…現在はなし
●神…現在はなし
●アクセス…台鉄「嘉義駅」より、嘉義縣公車バス・7320A番雙溪口行きに乗り、約9分の「嘉義公園（嘉義高商）」下車、東へ徒歩約9分。

日本統治時代に開園された公園で、往時には嘉義神社も存在した場所である。

　戦後、神社の本殿は忠烈祠に改変されたが、後に火災で全焼。現在は射日塔に変わっているが、付近は神社時代の石灯籠、手水舎などの他、社務所も当時のまま残っている。

　この社務所は嘉義市の文化遺産に登録され、現在は嘉義市史蹟資料館として公開されている。

パワースポット

126

二つの鳥居が残る芸術公園

朴子芸術公園《プーズーイーシュウゴンユェン》**（東石神社遺跡《ドンシーシェンシャァイージー》）**

― Puziyunshugongyuan（Dongshishenshe Yiji）―

嘉義縣朴子市山通路2之9號

▲旧参道を進むと、本殿があった場所に辿りつくが、そこにも鳥居と狛犬が残っている。

▲公園入口にそびえる大鳥居。今では朴子芸術公園のシンボルとなっている。

【MAP】
P169／B＋2

●宗教…現在はなし
●神…現在はなし
●アクセス…台鉄「嘉義駅」より、嘉義客運バス・7211番嘉義縣立體育館行きに乗り、約1時間55分の「東石國中」下車、北へ徒歩約2分。

右頁の富安宮がある東石近くの朴子芸術公園は、かつて東石神社があった場所だ。

　現在も二つの鳥居が残っている。一つは公園入口にある大鳥居で、今は公園の名が掲げられている。さらに真っすぐ伸びる参道を進むと、本殿があった場所に一対の狛犬とともに鳥居が残っている。この二つの鳥居は現在も大切に保管されているようで、たびたび修復が施されているようだ。

パワースポット
127

港町に突如現れる巨大ハイヒールチャペル

高《カオ》跟《ゲン》鞋《シエ》教《ジャオ》堂《タン》

Gaogenxie Jiaotang

嘉義市布袋鎮海興街625號

▲全面ブルーのガラス張りの高跟鞋教堂。
▶堂内では結婚式用だろうか巨大画面が一つだけある。

牡蠣の名産地として知られる嘉義の港町・布袋。澎湖諸島へ向かうフェリーの発着港もあるため、特に休日は多くの人で賑わうが、その一角に突如登場したチャペルがここ高跟鞋教堂だ。

祈りの場としての教会の機能は持たないが、結婚の誓いの場として二〇一六年に創建。歴史は浅いが、布袋のシンボルとして早くも台湾中に存在を知らしめている。全高約十七メートルに及び、「世界最大ハイヒール型建築」としてギネスブックにも登録されている。

このチャペル建築には悲しい背景がある。一九六〇年代に嘉義で流行したヒ素汚染による烏脚病が原因で両足を切断した二十四歳の女性がいた。このせいで結婚を諦めたようだが、この女性のために、そして二度と悲惨な汚染が起こらないよう強い願いを込めて、教堂創建に至っている。

【MAP】
P169／A＋2

●宗教…キリスト教
●神…なし
●アクセス…台鉄「嘉義駅」より、嘉義客運バス・7209H番布袋行きに乗り、約1時間15分の「布袋區漁會（布袋港）」下車、西へ徒歩約15分。

パワースポット

128

塩田に建てられた大人気チャペル

北門水晶教堂《ペイメンシュイジンジャオタン》
—Beimen Shujing Jiaotang—
台南市北門區北門里200號

▲塩田の中に建てられたチャペル。入場は有料だが、観光客に大人気だ。

▲チャペル向いには“愛の列車”を表現した建物もある。

台南の北門エリアは塩田が続くが、それにちなんで〝白い物〟をモチーフとするシンボルが多い。ここ北門水晶教堂もその一つ。台湾で唯一のウェディングドレスをテーマにした公園の中にある。

右頁の高跟鞋教堂同様、結婚式を行うチャペルとして人気が高い。また、界隈は〝愛〟〝LOVE〟にまつわるオブジェが多く、インスタ映えスポットとしても知られている。

【MAP】P169／A＋3

●**宗教**…キリスト教
●**神**…なし
●**アクセス**…台鉄「台南駅」より、大台南公車バス・佳里行きに乗り、約1時間45分の「佳里站」下車。藍1番に乗り換え、約1時間40分の「北門橋頭」下車、南へ徒歩約10分。

パワースポット

129

台南で亡くなった韓国人女性を祀る

井田三子廟《ジンティエンサンズーミャオ》
—Jingtiang Sanzimiao—
台南市山上區2之26號

二百年以上前、井田三子さんという女性が台南に訪れた際に、強盗に遭い殺された。その彼女を鎮魂するために建てられたのが、この小さな祠だ。

〝井田三子〟という名前から日本人のようにも思えるが、韓国人である。今も韓国から参拝に訪れる人が多いという。

【MAP】P169／B＋4

●**宗教**…民間信仰　●**神**…井田三子ほか
●**アクセス**…台鉄「台南駅」より、興南客運バスに乗り、約1時間30分の「豐德」下車、北東へすぐ。

パワースポット

130

二万坪の超巨大聖母廟

台南土城正統鹿耳門聖母廟《タイナントゥーチョンジョントンルーアルメンシァンムウミャオ》
—Tainan Tucheng Zhengtong Luermen Shengmumiao—
台南市城安路160號

廟の門前に媽祖を守る巨大な順風耳と千里眼が構える土城正統鹿耳門聖母廟。特に休日は、大型バスで団体参拝者が訪れるなど、かなりの賑わいを見せている。

廟内は二万坪と広大で、細かく参拝するなら最低でも半日はかかる。時間に余裕を持って訪れたい。

【MAP】P169／A＋4

●**宗教**…道教　●**神**…媽祖ほか
●**アクセス**…台鉄「台南駅」より、大台南公車バスに乗り、約1時間20分の「鹿耳門聖母廟」下車、徒歩すぐ。

パワースポット
131

美しい庭園を持つ仏教寺院

大《ダー》智《ジー》山《シャン》玄《シュエン》空《コン》法《ファー》寺《スー》 | Dazhishang Xuankongfasi

台南市楠西區中興路270號

▲仏教寺ではあるが、道教的な極彩色の金炉もある。

▲寺の入口に構える仏心印聖石。これは花蓮のもので、総重量は152トンもあるという。

【MAP】
P169／C＋3

●宗教…仏教
●神…釈迦、霊璧石ほか
●アクセス…台鉄「台南駅」より、興南客運バス・緑幹線玉井行きに乗り、「玉井站」下車。緑24番曾文水庫管理局行きに乗り換え、「楠西站」下車、北西へ徒歩約7分。

台南・楠西エリアにある二〇〇二年開設の巨大仏教寺院。主神は釈迦だが、この寺特有の神として中国安徽省からもたらされた総重量五百トンとも言われる霊璧石が鎮座している。

芸術的評価が高い古い仏像、奇岩、老樹などがある他、各神殿を有する施設の建築も独特である。アクセスしにくい場所ではあるが、是非行ってみて欲しい。

パワースポット
132

街角にとけこむ電話ボックス型廟

台《タイ》南《ナン》永《ヨン》康《カン》菩《プー》薩《サ》堂《タン》 | Tainan Yongkang Pusatang

台南市永康區中央路2號

▲界隈の交通安全を静かに見守っている。

▲「神様と直接電話で会話することができる」という都市伝説もあったそうだが、実際は参拝のみの菩薩廟である。

【MAP】
P169／B＋4

●宗教…仏教
●神…観音菩薩
●アクセス…台鉄「大橋駅」より、北西へ徒歩約15分。または、大台南公車バス・藍幹線佳里行きに乗り、約16分の「六甲頂(興南)」下車、北へ徒歩約4分。

台南・永康区の省道19号線の渓頂寮大橋と中華路の交差点付近に、電話ボックスのように佇む小さな祠がある。正式名称は台南永康菩薩堂だが、地元の人たちは親しみを込めて〝電話亭〟と呼称している。

祀られているのは観音菩薩で、交差点が入り組む界隈の交通安全を見守っているという。交差点などに鎮座する祠は珍しくないが、このかわいらしい外観で台湾全土にファンがいるようだ。

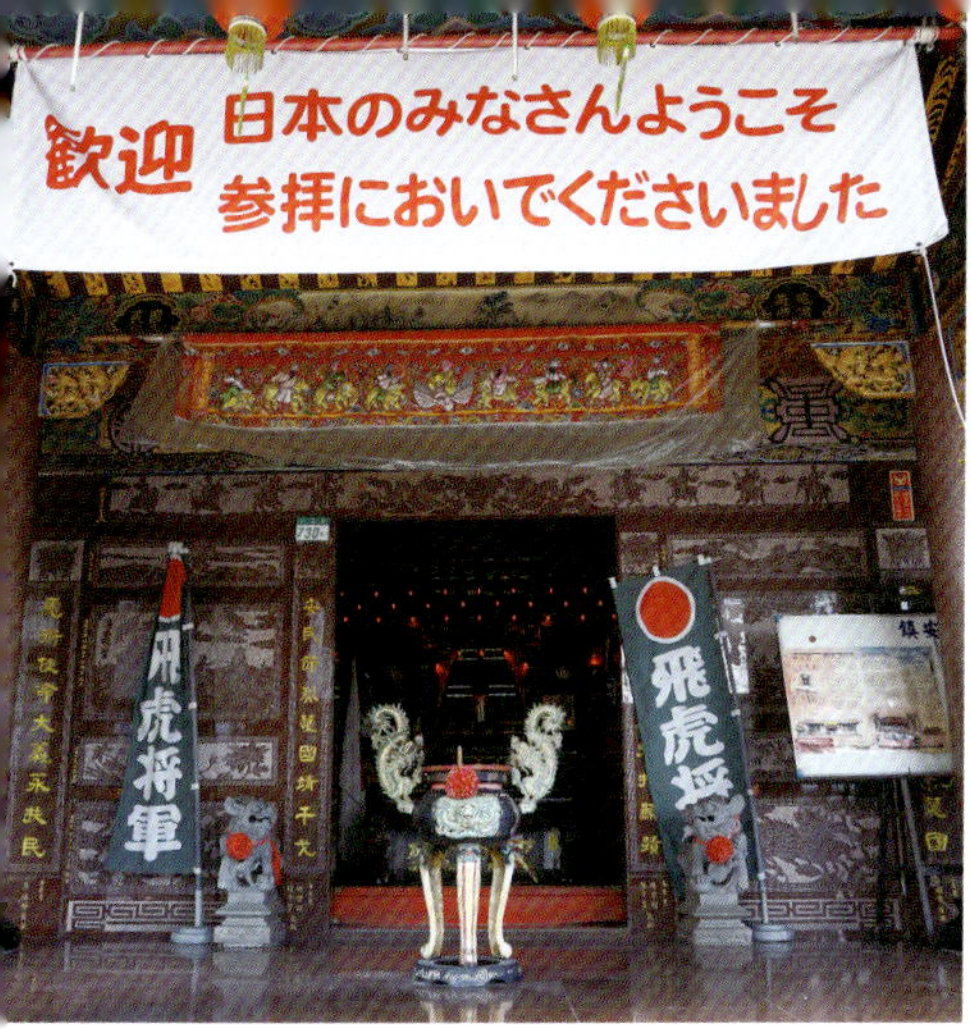

▲現在の飛虎将軍廟。日本語の大きな字で、日本人参拝者の歓迎を述べる横断幕が掲げられている。

▲"飛虎将軍"という神となった杉浦少尉の神像。

▲廟内の一角には、杉浦少尉の資料や戦後日本との交流の証しが多数ある。

パワースポット

133

旧日本兵が神として祀られる

鎮《ジェン》安《アン》堂《タン》飛《フェイ》虎《フゥ》将《ジャン》軍《ジュン》廟《ミィアオ》

台南市安南區大安街730之1號

— Zhenantang Feihu Jiangjunmiao —

日本ではあまり知られていないが、台湾では学校教材で取り上げられ、神として崇められる旧日本軍人がいる。杉浦茂峰少尉その人である。

一九四四年、アメリカ軍機が台南に襲来した際、杉浦少尉が乗った零戦が攻撃を受け尾翼から出火。その時点で落下傘での脱出も可能だったようだが、自分だけ助かっても零戦が墜落すれば台南の村人たちに被害が及ぶ。そこで杉浦少尉は爆発寸前の零戦をあえて上昇させ、地方部へと飛躍。より安全な地域に辿りつき、ようやく落下傘で脱出を試みたが、その際に再びアメリカ軍の機銃を浴び、戦死したという。

それから数年後、村人たちの間で似たような夢を見ることが多くなったという。海軍の夏服らしき白い服を着た青年が夜な夜な枕元に現れるというものである。やがて、その青年は村人たちを守って戦死した杉浦少尉と言われ、一九七一年、この廟の前身となる祠を創建した。

中華民国政府の排日政策から、この祠は批判の的にされることもあったようだが、村人たちは、杉浦少尉を守護神と崇め祠を守り抜いた。やがて地元外の人たちからも理解も得て、一九九三年に現在の立派な廟へと改変されたという。

今日も朝夕の二回、杉浦少尉が好きだったタバコを線香代わりに点火し、「君が代」や「海行かば」を祝詞として歌い続けている。

▶自らの命と引き換えに村人たちを守り、ハタチという若さで戦死した杉浦少尉。

【MAP】

P169／A＋4

●宗教…民間信仰
●神…飛虎将軍（杉浦茂峰）
●アクセス…台鉄「台南駅」より、大台南公車バス・3番城海東國小行きに乗り、約31分の「同安路口」下車、北東へ徒歩約5分。

▲廟の代表者が約70万元で版権を取得し、制作にいたったアイアンマン像（真ん中）。

▲関聖帝君に並び、様々なアメリカ映画のロボットが当然のように鎮座している。

▲本殿で祀られる関聖帝君神像。

▲龍崎文衡殿。龍崎エリアでは大きい廟の一つである。

パワースポット

134

神々と一緒にロボットも鎮座する

龍《ロン》崎《チー》文《ウェン》衡《ホン》殿《ディエン》

― Longqi Wenhengdian ―

台南市龍崎區中坑里中坑3之2號

台南の関帝殿より文霊された、一九九八年創建の廟。主神の関聖帝君のほか、複数の神々が鎮座している。健康運、財運に効果があるとされ、龍崎エリアでは特に参拝者が多い廟の一つである。

一方、この廟では創建当初より彫像、彫刻、陶芸といった芸術作品を設置することでも知られていたが、さらに飛躍し、廟内にアメリカ映画のロボットも鎮座させるようになったという。

廟の代表者の孫がアメリカのマーベル・コミック『アイアンマン』の大ファンだったことから、約七十万元（日本円で約二百八十万円）で版権を取得。代表者はまずFRPで等身大のアイアンマン像を完成させたという。

これをきっかけに数々の巨大フィギュアが寄贈され始め、正式な神々と並んで数多くのロボットが鎮座するようになったようだ。

【MAP】

P169／B＋4

● **宗教**…道教
● **神**…関聖帝君
● **アクセス**…台鉄「台南駅」より、高雄客運バス・8050番佛光山行きに乗り、約1時間40分の「龍崎文衡殿」下車、南へすぐ。

▲横断歩道の柱に寄りそうようにして神殿がある。

▲廟に道を塞がれたように見えるが、神殿の脇を通れば横断歩道へと繋がる。

▲横断歩道の階段上から見た図。階段を降りた先に廟がある。

パワースポット

135

横断歩道と一体化した廟

荘敬福徳正神《ジュァンジンフゥドァジョンシェン》

[Zhuangjing Fudezhengshen]

台南市東區小東路和荘敬路交叉口天橋下

横断歩道に合体させるカタチで作られた独特の廟。写真の通り、横断歩道の階段脇の一帯に廟があるため、通行する人は必ず神の横を通らないといけない。

祀られているのは福徳正神で、当初は土地公として地元の安泰を祈願していた。しかし、近年は、近隣で働くビジネスマンも参拝するようになり、彼らの多くは主に財運向上を祈願しているという。

【MAP】
P169／B＋4

●宗教…道教
●神…福徳正神
●アクセス…台鉄「台南駅」より、大台南公車バス・2、19、緑17番に乗り、約16分の「四份子」下車、東へ徒歩約2分。

パワースポット

136

巨大そろばんが設置された廟

台湾府城隍廟《タイワンフゥチァンホァンミィアオ》

[Taiwan Fuchenghuangmiao]

台南市中西區青年路133號

台湾で最も古い城隍廟で、主神はもちろん城隍神だが、他にも複数の神々が鎮座している。

廟の入口の裏側には、巨大なそろばんが設置されているが、これは冥界の裁判官でもある城隍神が「人の善行、悪行をそろばんで算出する」という理由による。

【MAP】P169／B＋4

●宗教…道教　●神…城隍神ほか
●アクセス…台鉄「台南駅」より、大台南公車バスで約3分の「中山民権路口」下車、南東へ徒歩約5分。

パワースポット

137

精巧な法輪像がある神聖な寺

小東山妙心寺《シャオドンシャンミィアオシンスー》

[Xiaodongshan Miaoxinsi]

台南市永康區勝利街11巷10號

台南・永康エリアの住宅街の中にある仏教寺。もともとは抗日活動をしていた漢人僧侶による仏教がルーツで、その信奉者らにより一九五九年に創建された。

極めて禁欲的な印象の聖殿だったが、精巧な法輪像があり寺の象徴となっているようだ。

【MAP】P169／B＋4

●宗教…仏教　●神…釈迦ほか
●アクセス…台鉄「台南駅」より、大台南公車バスで約12分の「光明街口」下車、北東へ徒歩約7分。

▲五彩巨龍と呼ばれる龍の施設。龍の長さはなんと1620メートルにも及ぶという。

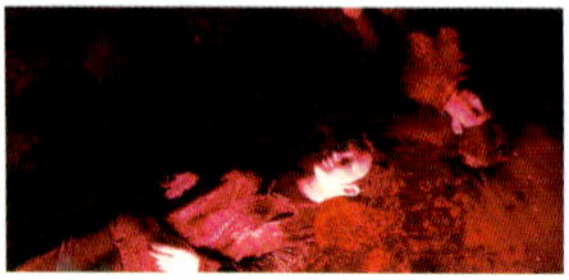

▲十八層地獄。暗闇の中で、末恐ろしい地獄の世界が表現されている。

▲この階段を降りると、本当に龍によって生かされている感覚を覚える。

パワースポット
138

五府千歳を祀る巨大道教パーク

麻《マー》豆《ドゥ》代《ダイ》天《ティエン》府《フゥ》

Madou Daitianfu

台南市麻豆區關帝廟60號

前身は一六六二年創建の保寧宮という廟。自然災害を受け、保寧宮は別の場所に移転したようだが、一九五六年にこの地に戻り、五府千歳（李、池、呉、朱、范）を主神に祀る廟として再興。以降、複数回の改変を経て今日に至っている。

この廟のシンボルとして、最も目を引くのは庭園に設置された巨大龍・五彩巨龍。この龍は内部に入ることもでき、中では道教で考えられる天国と地獄の物語を学ぶことができる。

また、庭園内にある十八層地獄は、お化け屋敷のような施設。彰化の南天宮十八層地獄（P73）と同様、地獄を表現する小屋だが、彰化のそれと比べ装置がやや古い分、逆に怖さを誘う印象だ。

さらに近年、長さ三十五メートルのローラー式滑り台も完成。廟でありながら、遊園地のような楽しみ方もできる台南きっての名スポットである。

【MAP】
P169／B＋3

●宗教…道教
●神…王爺神ほか
●アクセス…台鉄「隆田駅」より、大台南公車バス・橘10番大地荘園行きに乗り、約37分の「曾文農工」下車、北へ徒歩約11分。

▲細い丸木を塀にし、ノアの方舟のシルエットを模した礼拝堂。

パワースポット
139

玉井の山の中の静かな宣教地

加利利宣教中心《ジャアリーリーシュエンジャオヂォンシン》（Jialili Xuanjiaozhongxin）

台南市玉井區三埔里83之1號

▲自然環境を活かし、過剰な装飾がない分、穏やかな時間を過ごすことができる。

台南・玉井の山の中にある長老教会の施設。園内はさながら宗教庭園のようだが、台湾的な過剰な装飾はなく、自然を活かした穏やかな構成。宿泊施設も完備されているので、静養の場としても十分利用できそうだ。

ノアの方舟を模した礼拝堂は、細い丸木を束ねた上品な造り。自然に囲まれながらの祈りは、心身ともに落ち着かせてくれるはずだ。

【MAP】
P169／C＋4

●**宗教**…キリスト教
●**神**…イエス・キリスト
●**アクセス**…台鉄「台南駅」より、興南客運バス・綠幹線玉井行きに乗り、約1時間の「玉井站」下車。綠27番南化行きに乗り換え、約30分の「三埔」下車、東へ徒歩約10分。

パワースポット
140

中華風マリアが崇められる教会

天主教中華聖母主教座堂《ティエンジュウジャオヂォンホアシァンムウジュウジャオヅゥオタン》（Zhonghuashengmuzhujiaozuotang）

台南市中西區開山路195號

延平郡王祠（P107）の向かいにある中華様式のキリスト教会。一九六一年創建で、〝中華聖母〟と呼ばれる中華圏で考えられるマリア像が崇められている。

ローマ教皇が認める聖母巡礼地は、中華圏では二つのみのようだが、その一つがこの教会である。

【MAP】P169／B＋4

●**宗教**…キリスト教　●**神**…イエス・キリスト
●**アクセス**…台鉄「台南駅」より、大台南公車バス・3番で約3分の「東門圓環」下車、南西へ徒歩約7分。

パワースポット
141

モダニズム建築のバハーイー教施設

台南市巴哈伊中心《タイナンスーバーハーイーヂォンシン》（Tainanshi Bahayizhongxin）

台南市東區大學路18巷26號

イスラム教にルーツを持つバハーイー教は、少ないながらも台湾で一定数の信徒を持つ宗教。その宣教の中心がここ台南市巴哈伊中心である。

一九五七年に建てられた施設だが、その機能美に富んだモダニズム建築は、建築家、美術家の間からの評価が高い。

【MAP】P169／B＋4

●**宗教**…バハーイー教　●**神**…バハー
●**アクセス**…台鉄「台南駅」東口より、大學路西段／大學路を直進し、大學路18巷を南へ。全所要時間、徒歩約15分。

▲祭天堂の祭壇。“最後の晩餐”のシーンは、漢人をモチーフにして描かれている。

パワースポット

142

“最後の晩餐”のモデルが漢人で描かれた教会

塩《イエン》水《シュイ》天《ティエン》主《ジュウ》堂《タン》

— Yanshui Tianzhutang —

台南市鹽水區鹽水鎮西門路19號

【MAP】
P169／B＋2

●宗教…キリスト教
●神…イエス・キリスト
●アクセス…台鉄「新營駅」より、大台南公車バス・棕幹線佳里行きに乗り、約35分の「護庇宮」下車、北西へ行き徒歩約3分。

▲中華式の紋様を施した祭天殿の天井。柱や壁の大半も中華式の構造を持つ教会である。

台南北部の塩水エリアにある中華様式のキリスト教会。

一九五五年、ドイツ人新婦によって最初の創建がなされたが、複数回の改築などを行い、一九八六年に現在の礼拝堂である祭天殿を建設したという。写真上の通り、礼拝堂内は全て中華様式が取り入れられており、台湾各地にある数多くのキリスト＋中華混在型教会の中でも最も顕著な例である。

さらに右の写真の通り、祭壇の背面には最後の晩餐のシーンを表現する宗教画が全て漢族で描かれている。さらに凝視すれば、手先は箸であり、食事も中華料理のように映る。

また、キリスト教会でありながら線香を差す香炉があり、儒教の神である孔子、道教の神である老子、さらには台湾原住民に首狩りの悪習をヤメさせるために自らの命を捧げた呉鳳などの絵も描かれており、様々な宗教的要素が柔軟に取り入れられている。

▶中華様式のキリスト教会の筆頭とも言うべき聖殿だ。

▲真っ赤な配色が艶やかな牌楼（門）。

▲臨水夫人が祀られる神殿。女性参拝者が多いが、写真のように男性も参拝している。

パワースポット

143

女性の味方の臨水夫人廟

臨水夫人媽廟《リンシュイフゥレンマーミィアォ》｜Linshuifurenmamiao｜

台南市中西區建業街16號

中国福建省で通天聖母太后元君と呼ばれ、女性や子どもの守護神として知られる臨水夫人こと陳靖姑。その臨水夫人が祀られているのがここ臨水夫人媽廟だ。

一般的には婚姻、出産、子育てなどの女性特有の悩みを解決する廟として知られるが、男子禁制というわけではない。例えば子育てなどで、女性の悩みと似たものを抱える男性も多く参拝に訪れている。

【MAP】

P169／B＋4

●宗教…道教
●神…陳靖姑（御霊）ほか
●アクセス…台鉄「台南駅」より、大台南公車バス・3番城海東國小行きに乗り、約3分の「東門圓環」下車、南西へ徒歩約8分。

パワースポット

144

二重門構えが美しい斎教廟

台南徳化堂《タイナンドァフゥアタン》｜Tainan Dehuatang｜

台南市中西區府前路一段178號

左頁の延平郡王祠の近くにある廟。

斎教（儒教、仏教、道教の混合教）を出発点としながら、後に仏教龍華派（龍華教とも）となった宗教の聖殿で、二重門構えなどの独特の建築様式が美しい。廟自体の創建は一八一四年で、古跡としても登録されている。

【MAP】P169／B＋4

●宗教…民間信仰／龍華派斎教　●神…観音菩薩ほか
●アクセス…台鉄「台南駅」より、大台南公車バス・2番に乗り、約7分の「建興國中」下車、東へ徒歩約3分。

パワースポット

145

広大な庭園を持つキリスト教会

果穀天主堂《グゥオグーティェンジュウタン》｜Guogu Tianzhutang｜

台南市柳營區果毅里8鄰果毅後60之2號

台南・柳営エリアにある中華様式で建てられたキリスト教会。白と赤を基調とした礼拝堂は素朴ではあるが、天主堂の雰囲気を強く感じさせてくれる聖殿である。

敷地内には資源のリサイクルをテーマにした庭園もあり、校外学習などでも使われるそうだ。

【MAP】P169／B＋4

●宗教…キリスト教　●神…イエス・キリスト
●アクセス…台鉄「新營駅」より、大台南公車バス・4番に乗り、約1時間30分の「果毅國小」下車、徒歩約2分。

パワースポット

146

改変に次ぐ改変を強いられた祠

延平郡王祠《イエンピンジュンワンツー》（開山神社遺跡《カイシャンシェンショァイージー》）
― Yanpingjunwangci（Kaishanshen Yiji）―
台南市中西區開山路152號

▲古い歴史を持つが、改変が繰り返されているため、古跡としては認可されていない。

▲真っ赤な扉の奥の神殿。拝む人のための膝受けもある。

オランダ人を駆逐した鄭成功を称えて一六六二年に創建された開山王廟が前身。日本統治時代の一八九六年に、鄭成功を祀る開山神社に改変されたが、戦後、中華民国政府により社殿などは撤去され、中華様式の廟に再改変された。

長きにわたって鄭成功が祀られていることに変わりはないが、台湾の複雑な歴史の中で改変の繰り返しを強いられた祠である。

【MAP】P169／B＋4

●宗教…なし
●神…鄭成功、英霊
●アクセス…台鉄「台南駅」より、大台南公車バス・3番城海東國小行きに乗り、約5分の「東門圓環」下車、南西へ徒歩約7分。

パワースポット

147

地下シェルターも残る神社跡

新化神社遺跡《シンフゥアシェンショァイージー》
― Xinhuashenshe Yiji ―
台南市新化區中興路74號

台南・新化エリアの静かな住宅街に今日も残る巨大な鳥居がある。

ここは一九二九年創建の新化神社があった場所。往時、珍しかった地下シェルターを有する神社であり、その古跡もあるという（筆者は見つけられなかった）。行かれる方は是非見つけて欲しい。

【MAP】P169／B＋4

●宗教…現在はなし　●神…現在はなし
●アクセス…「新化站」バス停より、線13番左鎮行きに乗り換え、約15分の「虎頭埤口」下車、北東へ徒歩約3分。

パワースポット

148

商業ビルの屋上に今も残る神社

林百貨《リンパイフォ》（邸内神社《ディネイシェンショァ》）
― Linbaihuo Dinloushenshe（Dineishenshe Yiji）―
台南市中西區忠義路二段63號

一九三二年開業の台南の林百貨店。当時から残る古いエレベーターに乗り、最上階まで上がると、テナント外部に写真のような神社と鳥居が現れる。

末広社と呼ばれたもので産業の守護神として鎮座したという。今も林百貨店に訪れる人々が手を合わせているようだ。

【MAP】P169／A＋4

●宗教…神道　●神…なし
●アクセス…台鉄「台南駅」より、大台南公車バス・藍幹線に乗り、約7分の「林百貨（忠義路）」下車すぐ。

第五章・高雄《カオション》・屏東《ピントン》の聖殿と神々

台湾第三の都市で、最大の面積を有する高雄。北東部は自然豊かな山岳地を有する一方、南西部は台湾海峡に面し巨大港を有することから、台湾らしい魅力がギュッと詰まったエリアでもある。

また、日本統治時代に急速に発展した町であるため、日本ゆかりの聖殿が数多くあり、もちろん特徴的な廟、寺なども数多くある。こういった聖殿を見て回ることで、台湾の複雑な歴史や、台湾人がどんな事情を抱えているのかを感じることができると思う。

そして、高雄の南部に隣接するのが、台湾最南端の県、屏東だ。西に台湾海峡、南にバシー海峡、東に太平洋があり、中央部には中央山脈も有するという、実に自然豊かなエリアで、夏場はビーチリゾートなどを目当てに国内外から多くの観光客が訪れる。

もともとは原住民・ルカイ族が暮らす地域だが、一六〇〇年代後半より漢人も入植していることから、古跡や長い歴史を持つ廟、キリスト教会は数多くある。また、日本統治時代に建てられた神社の遺跡なども複数ある。

この高雄・屏東の二つのエリアをくまなく見て回るとなると、相応の時間がかかるが、他エリアに比べれば公共交通網が発達していることから、きちんと予定を組みさえすれば効率良く巡ることができるはずだ。

佛

パワースポット
149

旧日本軍の軍艦を祀り続ける廟

紅《ホン》毛《マオ》港《ガン》保《バオ》安《アン》堂《タン》

— Hongmaogang Baoantang —

高雄市鳳山區國慶七街132號

▲“神艦”となった旧日本軍の軍艦。大砲などは電動仕掛けで動く仕組みになっている。

【MAP】

P170／E＋3

●宗教…民間信仰
●神…海府大元帥ほか
●アクセス…高雄MRT（紅線）「高雄車站」より、約10分の「前鎮高中」下車。東南客運バス・紅11番過埤派出所行きに乗り、約21分の「濟天宮（國慶六街）」下車、北東へ徒歩約3分。

▲2013年にブルーを基調とした新堂が完成。落慶祭には当時の高雄市長も参列したという。

高雄国際空港からほど近い鳳山エリアにあるここ保安堂は、戦時中バシー海峡沖合で撃沈した旧日本軍の軍艦を〝神艦〟として祀っていることで、日台双方の歴史ファン、廟マニアの間ではよく知られた廟である。

終戦直後、台湾の漁師が魚網にかかった旧日本兵のものと思われる頭蓋骨を慰霊したところ、以降大漁が続いたため一九五三年に保安堂を創建。

その後も漁師の夢枕に旧日本兵がたびたび現れ、「海で沈没したことを悔やんでいる」と聞かされ一九九〇年に旧日本軍の軍艦を〝38にっぽんぐんかん〟という〝神艦〟にし泰納。今日まで神として祀り続けている。

保安堂には多くの日本人が参拝に訪れており、その交流を元にした日本からの寄贈品や供物も廟ではきちんと保管している。こういった台湾人の義理堅い行為を前に感謝し、ただただ頭《こうべ》を垂れるばかりである。

◀ショーケースに並ぶ日台の交流の証。

パワースポット

150

南台湾屈指の〝蒋介石廟〟

蒋公感恩堂《ジャンゴンガンエンタン》 ｜Jianggonganentang｜

高雄市旗津區復興里復興3巷7號

▲国民党の党章を背に鎮座する蒋介石。左右には生前のポートレートも飾られている。

▲地元の人たちの憩いの場も兼ねているようで、取材時は女性たちが談笑していた。

【MAP】 P170／E＋3

●宗教…仏教／道教
●神…観世音菩薩、蔣公神ほか
●アクセス…高雄MRT（紅線）「高雄車站」より、約15分の「草衙」下車。港都客運バス・紅9A番旗津渡輪站行きに乗り、約45分の「海岸公園」バス停下車すぐ。

高雄・旗津エリアにある〝蒋介石廟〟。一九七五年、浙江省出身者によって建てられ、特に国民党の退役軍人にとっての聖地的な場所である。

しかし、筆者が廟を後にし目の前の道に出ると、通りがかりの男性から中指を立てられ「FUCK YOU!」と怒鳴られた。おそらく「蒋介石を崇めるお前はクソ！」という意味だろう。やはり忌み嫌う人もいるようだ。

パワースポット

151

公園に構える真っ赤な鳥居

岡山公園《ガンシャンゴンユェン》 ｜Gangshangongyuan｜

高雄市岡山區公園路10號

高雄の中心部から北へ二十キロほどの岡山エリアのシンボルとなる公園。左の岡山寿天宮が神社の本殿で、この公園の一角がその参道だったようだ。

往時、三基あった鳥居のうちの一基が二〇一三年に復元。写真の通り、公園の入口付近で美しく構えている。

【MAP】 P170／E＋3

●宗教…なし　●神…なし
●アクセス…高雄MRT（紅線）「南岡山」より、東南客運バス・紅69A番岡山高中行きに乗り、「岡山高中」下車すぐ。

パワースポット

152

廟↓神社↓廟と改変された聖殿

岡山寿天宮《ガンシャンショウティエンゴン》（岡山神社遺跡《ガンシャンシェンシャーイージー》） ｜Gangshan Shoutiangong (Gangshangshenshe Yiji)｜

高雄市岡山區壽天里公園路40號

右の岡山公園の北にある廟で、旧岡山神社の本殿があった廟。

もともとは一七一三年に台南の天后宮から分霊、創建された媽祖廟だったが、日本統治時代に神社に転じられ、戦後再び廟として再興された。廟内にはわずかながら神社の痕跡が残っている。

【MAP】 P170／E＋3

●宗教…道教　●神…媽祖ほか
●アクセス…高雄MRT（紅線）「南岡山」より、東南客運バス・紅69A番岡山高中行きに乗り、「岡山高中」下車すぐ。

パワースポット

153

二〇一五年創建の大仏公園

六亀大仏《リウグウェイダーフォー》 | Liuguei Dafo |

高雄市六龜區新發里新開27之1號

宝来温泉などで有名な高雄郊外の六亀エリアの山間に開かれた大仏公園。二〇一五年創建と若いが、新名所となっている。

建設中、界隈は甚大な台風被害が出たが、大仏が山からの土砂をせき止め、集落の人々を救うなど、すでに数々の伝説が生まれている。

【MAP】P170／F＋2

●**宗教**…仏教　●**神**…釈迦

●**アクセス**…「旗山転運站」付近より、タクシーで北東へ約1時間。

パワースポット

154

憩いの場となった元神社の忠烈祠

高雄市忠烈祠《カオションスージョンリィエツー》（**高雄神社遺跡《カオションシェンシャイージー》**） | Gaoxiongshi Zhongliecì（Gaoxiongshenshe Yiji）|

高雄市鼓山區忠義路32號

日本統治時代の神社跡が、中華民国の英霊を祀る忠烈祠に転用された例は多いが、ここもその一つ。高雄港を一望できる絶好の立地にある。

旧神社の痕跡は少なく、社殿の仕組みに詳しい人でないとわかりにくいが、近年境内にあった石灯籠が復元された。

【MAP】P170／E＋3

●**宗教**…なし　●**神**…鄭成功、英霊ほか

●**アクセス**…台鉄「高雄駅」より、高雄市公車・56番に乗り、「情人観景台（壽山遊客中心）」下車、北へ徒歩約3分。

パワースポット

155

アパートの壁面にへばりつく廟

左営文王宮《ズオインウェンワンゴン》 | Zuoying Wenwanggong |

高雄市左營菜公一路851號

▲従来の参拝順路で言うと、空中からでないと参拝ができない。

▲取材時はシャッターが閉まっており、参拝することができなかった。

高雄・左営エリアの住宅マンションの壁にへばりつくように存在する廟がある。それがここ左営文王宮だ。

通常、廟での参拝はまず正面の香炉で線香を炊く順路だが、ここでは窓の外に香炉がある。つまり、空中から廟に入らない限り従来の参拝順路を踏むことはできないが、それはそれ。ここでは室内からまず窓際の香炉へ行き、改めて神殿を拝むフローのようだ。

【MAP】P170／E＋3

●**宗教**…道教

●**神**…文王

●**アクセス**…台鉄「高雄駅」より、自強號（特急）七堵行きに乗り、約8分の「新左營駅」、または高雄MRT（紅線）で約10分の「左營／高鐵」下車。西へ徒歩約2分。

パワースポット

156

カラオケもある玄天上帝の聖殿

北極亭《ペイジーティン》｜Beijitang｜

高雄市左営區蓮潭路116巷

▲北極亭の一角には、廟が運営するカラオケ施設があり、地元の人たちが熱唱している。

▲ヘビと亀を踏みつぶす巨大な玄天上帝像。像の内部では、玄天上帝の伝説と、道教の教えを見学することができる。

【MAP】P170／E＋3

●宗教…道教
●神…玄天上帝
●アクセス…台鉄「高雄駅」より、區間車（普通）嘉義行きに乗り、約12分の「左營駅」下車、北へ徒歩約18分。

中華圏では有名な神様・玄天上帝が蓮池譚に鎮座する聖殿。玄天上帝は水神として知られる他、病気を治し、悪霊を追い払う力があるとも言われているので、心当たりのある方は参拝すると良いだろう。

　また、玄天上帝像までの橋の途中には廟が運営するカラオケ施設もある。地方部ではよく見かける光景だが、聖殿が地域の人たちの憩いの場でもあることを物語っている。

パワースポット

157

高雄を代表する龍と虎のお堂

龍虎塔《ロンフゥタン》｜Longhutang｜

高雄市左営區翠華路1435號

高雄だけでなく南台湾の象徴でもあるパワースポット。道教で縁起の良い動物と言われる龍の口からお堂に入り、虎の口から出てくると、福が降りてくると言われている。

　二つのお堂は登ることができ、上層階で眺める蓮池潭の景色は気持ち良いのでお勧め。

【MAP】P170／E＋3

●宗教…道教　●神…なし
●アクセス…台鉄「高雄駅」より、約12分の「左營駅」下車、北西へ徒歩約12分。

パワースポット

158

道教を学べるお堂

左営啓明堂《ズオインチーミンタン》・春秋御閣《チュンジョウユーグウ》｜Zuoying Qimingtanga, Chunqiuyuge｜

高雄市左営區蓮潭路36號

蓮池潭エリア最大の廟・啓明堂が運営する蓮池潭のほとりにある道教施設。巨大な龍と観音菩薩、そして戦いの神とされる武聖、関羽が鎮座している。

　堂内は右の龍虎塔と同じような造りで、道教の神話が進行方向順に描かれている。

【MAP】P170／E＋3

●宗教…道教　●神…武聖関公、孔子ほか
●アクセス…台鉄「高雄駅」より、約12分の「左營駅」下車、北西へ徒歩約12分。

▲鮮やかな外観に目を奪われるが、凝視すると道教と仏教などが混在した造りである。

▲道場内の施設は一つ一つが興味深いが、後殿となる皇母聖殿の四方の壁面には仏が仏祖を礼拝する景色が描かれている。

パワースポット

159

アジア圏最大となる一貫道の修業道場

一《イー》貫《グァン》道《ダオ》宝《バオ》光《グァン》建《ジェン》徳《ドァ》神《シェン》威《ウェイ》天《ティェン》台《タイ》山《シャン》道《ダオ》場《チャン》

｜Yiguandao Baoguang Jiande Shenwei Tiantaishan Daochang｜高雄市六亀區新寮里三民路81號1號

日本では馴染みのない宗教だが、台湾では一定数の信徒がいる一貫道。清で発祥した秘密結社をルーツにするもので、中国では一時邪教とされ、徹底的に弾圧された経緯がある。現在は、台湾を中心に東南アジア各地で信仰が続けられている。道教を出発点としながらも仏教、儒教、キリスト教、イスラム教の教義を全て取り入れ、一貫の宗教として確立していることから〝一貫道〟と称されているが、そのアジア最大の修行道場となるのがここである。

約三百ヘクタールもの、広大な敷地に建てられた数々の聖殿は、いずれも金メッキを施した瑠璃瓦の屋根と金色の柱などで構成されており、現世とは思えない雰囲気を醸し出している。また、複数の宗教を取り入れていることから、様々な神々が渾然一体となり祀られているのも特徴的である。

【MAP】
P170／F＋2

●**宗教**…一貫道
●**神**…無生老母ほか
●**アクセス**…高雄MRT（紅線）「高雄車站」より、約10分の「左營／高鐵」下車。高雄客運バス・E01A、E01B旗山行きに乗り、約55分の「旗山転運站」下車。タクシーで東へ約30分。

パワースポット

160

タイ人への お礼に小石で造った廟

慈《ツー》玄《シュエン》聖《シァン》天《ティエン》宮《ゴン》

Cixuan Shengtiangong

高雄市田寮區新興里新興路2之7號

▲石だらけの聖殿。廟の中心には池があり、それを囲むように神々が鎮座している。

【MAP】
P170／F＋3

●宗教…仏教／道教
●神…准胝観音
●アクセス…台鉄「高雄駅」より、自強號（特急）七堵行きに乗り、約20分の「岡山駅」下車。高雄客運バス・8013番田寮行きに乗り、約1時間の「田寮入口」下車、北西へ徒歩約8分。

▲廟そのものは道教と仏教が混在したもので、入口には陰陽を表す対極図と、仏教の吉祥を表す卍が並んでいる。廟内にも、済公活と准胝観音が一緒に祀られている。

高雄郊外の田寮エリアは、むき出しになった山肌が月のように見えるという〝月世界〟などの奇景があることで知られるが、そのすぐ近くにあるのがここ慈玄聖天宮。通称〝石頭廟〟とも呼ばれる廟で、その名の通り聖殿は、全て石（一部は貝殻）で装飾されている。

一九九四年、学校施設の建築のため、タイの労働者が来台したが、建築は業者の原因により途中で頓挫。約五百人のタイ人労働者たちは賃金を得られず自国にも帰れず途方に暮れたようだが、その彼らに食事や住まいなどを提供したのが、この廟の主だった。いたく感謝をしたタイ人労働者たちはせめてものお礼にと、皆で石を拾い集め、この〝石頭廟〟を無償で建築したそうだ。

言わば、台湾とタイの交流のシンボルと言える廟だが、この珍しい景観によって、今日では参拝者だけでなく、観光客も多く訪れる田寮エリアきっての名所となっている。

▶天井、柱などの全てに石が装飾されている。

パワースポット

161

一日でも足りない超巨大仏教道場

仏光山《フォーグァンシャン》 ― Foguanshan ―

高雄市大樹區統嶺里統嶺路1號

▲高さ20メートルの阿弥陀大仏。その足下にもやはり阿弥陀仏。

▲阿弥陀仏エリアには、1万体以上の阿弥陀仏が並ぶ。

【MAP】
P170／F＋3

●宗教…仏教
●神…釈迦ほか
●アクセス…高雄MRT（紅線）「高雄車站」より、約10分の「左營／高鐵」下車。高雄客運バス・E02番佛光山行きに乗り、約30分の「佛陀紀念館」バス停下車、徒歩すぐ。

台湾の仏教は様々だが、大別させると四つの宗教があり、その一つが仏光山である。ここはその聖地的記念館で、参拝者よりも観光客のほうが多いが、広大なため細かく巡る場合は、一日あっても足りないかもしれない。

　巨大な接引大仏などがメインだが、個人的には一万体以上が鎮座する阿弥陀仏エリアに最も台湾的な雰囲気を感じるので見学をお勧めしたい。

パワースポット

162

イケメンすぎる済公活が鎮座

五龍山鳳山寺《ウーロンシャンフォンシャンスー》 ― Wulongshan Fengshansi ―

高雄市旗山區東昌里南寮巷37號

▲1300体がいるという済公活のミニ像。

▲地域の五穀豊穣のほか、健康、財、家庭などの向上を願う“イケメン”済公活。

【MAP】
P170／F＋2

●宗教…道教
●神…済公活ほか
●アクセス…高雄MRT（紅線）「高雄車站」より、約10分の「左營／高鐵」下車。高雄客運バス・E01A、E01B旗山行きに乗り、約55分の「旗山転運站」下車。タクシーで南へ約6分。

もともとは清朝初期に創建された古い廟であり、台湾全土にある〝鳳山寺〟の祖寺でもある由緒正しい道教寺院。やはり目を引くのは主神・済公活の巨大像と千三百体もいるというミニ神像だ。

　済公活仏を祀る廟は台湾各地にあり、各所ともその表情や造形は異なるが、ここ鳳山寺の済公活仏は、その愛くるしさから〝イケメン大仏〟としてよく知られているようだ。

パワースポット

163

現存する台湾最古の教会

萬金聖母聖殿《ワンジンシァンムゥシァンディエン》 ｜Wanjing Shengmu Shengdian｜

屏東縣萬巒鄉萬金村萬興路24號

▲クリスマス時期はライトアップされることもあり、特に多くの人々が訪れるという。

▲お願いごとを紙に綴り、神のご加護を受けるために手紙をかけておく許願板。どこか神社風である。

【MAP】 P170／F＋3

●宗教…キリスト教
●神…イエス・キリスト
●アクセス…台鉄「西勢駅」より、徒歩約8分の「西勢」バス停より、屏東客運バス・8235番佳佐行きに乗り、約55分の「萬金教堂」下車、東へ徒歩すぐ。

一八六一年、初代聖堂が創建、一八七〇年に現在の教堂が使われ始めた教会。現存するキリスト教寺院では台湾最古となる。

長い歴史の中で、異教徒からの放火、アメリカ軍からの空爆、天変地異なども受けたというが、写真の通り今日も力強く存在している。現在は、台湾中からキリスト教徒が参拝に訪れる特別な教会となっているようだ。

パワースポット

164

不発弾を持つ媽祖の手が鎮座する

萬丹萬恵宮《ワンダンワンフゥイゴン》 ｜Wandan Wanhuigong｜

屏東縣萬丹鄉萬新路1660號

萬丹エリアの中心的廟。町がアメリカ軍から空爆を受けた際、媽祖像の指が落ちたという。しかも、空襲の度に同じ現象が起こるため「媽祖が守ってくれている」と解釈されるようになったという。以来、媽祖の手に本物の不発弾を置いた像が祀られ続けている。

【MAP】 P170／F＋3

●宗教…道教　●神…媽祖ほか
●アクセス…「屏東駅」より屏東客運バス・8202番東港行きに乗り、約50分の「下萬丹」下車、南へ徒歩約2分。

パワースポット

165

福徳正神が金運向上へ導く

枋山八卦祖師廟《ファンシャンパーグァズーシーミィァオ》 ｜Fangshan Baguazushi Miao｜

屏東縣枋山鄉枋山村中山路三段129之8號

枋山エリアにある財神廟で巨大な福徳正神像が目印。土地公としても地域を守り続けている。

金運向上へと導くキーホルダー、元寶を模した置き物などのグッズ販売もあり、見るだけでも楽しい。また、さらなる巨大像建築のため寄付金も募っているようだ。

【MAP】 P170／F＋4

●宗教…道教　●神…福徳正神、八卦祖師ほか
●アクセス…台鉄「高雄駅」より、9188A番鵝鑾鼻行きに乗り、約3時間30分の「莿桐村」下車すぐ。

パワースポット
166

二〇一五年、戦後初めて再興された神社

高士神社《カオシシェンショァ》

Gaoshishenshe

屏東縣牡丹郷高士村50號

▼本殿。高士村から出征した英霊と高士仏戦没之霊神を祭神とする。

【MAP】
P170／G＋5

- 宗教…神道
- 神…高士仏戦没之霊神
- アクセス…台鉄「枋寮駅」より、高雄客運バス・9189番小灣行きに乗り、約1時間50分の「恆春站」下車。タクシーで北東へ約50分。

▲鳥居前の階段を登るのが難しい参拝者に対し、参道脇には緩やかな階段もある。

▲屏東の恒春半島の山々の向こうに海を望む絶好のロケーション。ここに真っ白の鳥居と、高士神社の本殿がある。

▼鳥居までの階段の手すりには、近年パイワン族の伝統的紋様が施され、日台双方の伝統と信仰が融合している。

屏東の山岳地にパイワン族が暮らす、高士《クスクス》村という村がある。一九三九年、この村の一角に、高士祠という神社が創建された。地域の守護神として日本人、パイワン族ともに信仰され、戦時中は「生きて帰って来られなかったら、この神社で会おう」と、約束が交わされることもあったという。

戦後、廃社となり、台風被害などによって社殿はなくなっていたが、地元有志の熱意に呼応し、二〇一五年に日本在住の神職・佐藤健一さんが中心となり〝高士神社〟として再興。台湾人初の神職・黄俊瑜さんとともに例祭を行った。台湾で神職と氏子が奉祀した神社は戦後初となった。鹿野神社（P138）の再興も同年だが、こちらはここ高士神社より約半年後のことである。

現在の祭神は、高士村から出征した英霊と高士仏戦没之霊神であり、パイワン族の人々にとって、心のよりどころとなっているようだ。

パワースポット

167

原住民文化とキリスト教が融合

霧台長老教會《ウータイジャンラオジャオフォイ》

屏東縣霧台鄉霧台村9鄰中山巷76號 ― Wutai Zhanglao Jiaohui ―

▲定期礼拝時は神のご加護のもと、賑やかになるという教会の内部。

▲外部にはケルト十字が掲げられているが、建築や紋様はルカイ族の伝統が反映されている。

【MAP】

P170／F＋3

●宗教…キリスト教

●神…イエス・キリスト

●アクセス…台鉄「屏東駅」より、屏東客運バス・8233番霧台行きに乗り、約2時間30分の「霧台」下車、南西へ徒歩約7分。

屏東の山岳部・霧台はルカイ族が暮らす村。入山制限があり特に外国人の入境は難しかったが、近年規制が緩和され訪問しやすくなった。

独特の文化や慣習が根付く霧台には、二つのキリスト教会があるが、その一つがここ。一九五〇年創立の長老教会（プロテスタント）で、原住民のガヤ（掟）とキリストの教えを融合させ、人々を平和へと導き続けている。

パワースポット

168

三年に一度王船を焼き払う

東港東隆宮《ドンガンドンロンゴン》

屏東縣東港鎮東隆街21之1號 ― Donggang Donglonggong ―

▲焼き払うまで祀られ続ける王船。

▲豪華絢爛な巨大牌楼（門）。東港のランドマークであり、住民にとっての信仰の中心である。

【MAP】

P170／F＋4

●宗教…道教

●神…王爺神ほか

●アクセス…台鉄「高雄駅」より、高雄客運バス・9127A番鵝鑾鼻行きに乗り、約1時間45分の「東港站（光復路口）」下車、南西へ徒歩約10分。

南台湾でよく知られる廟の一つ。金色に輝く牌楼(門)は港町・東港のランドマークとして有名だが、特筆すべきは三年に一度行われる〝焼王船〟という祭典だ。

迎王平安祭という行事の一環で王船を焼き払う儀式だが、当初は地域の平和を願い、疫病などを追い払う目的だったようだが、今では地域の全住民だけでなく台湾全土、日本からも参加者が集まる台湾きってのイベントとなっている。

▲取材時は天候が悪く海が荒れており、院内庭園のすぐ後ろまで波が押し寄せていた。

▲海に面した庭園には仏教、道教にまつわる大小の像が鎮座し、参拝者を和ませる。

パワースポット

169

宿泊もできるシーサイド寺院

大鵬山金朝陽宮《ダーポンシャンジンチャオヤンゴン》

―Dapengshan Jinchaoyanggong―

屏東縣枋山郷枋山村郷桐路1之1號

二〇一一年創建の比較的新しい寺。海岸沿いに面して横長に建つ言わばシーサイド寺院で、参拝者の宿泊も受け付けている。費用は三百～六百元（日本円で約千二百～二千四百円）と安く、いずれも宿泊者の心付けで価格を決めて良いようだ。

祀られているのは釈迦、福徳正神、弥勒など。院内庭園のあちこちにも大小の像が鎮座している。

【MAP】

P170／F＋4

●**宗教**…仏教／道教

●**神**…釈迦、福徳正神ほか

●**アクセス**…台鉄「屏東駅」より、約35分の「枋寮駅」下車。高雄客運バス・9188A番鵝鑾鼻行きに乗り、約1時間20分の「莿桐村」下車、東へ徒歩約2分。

パワースポット

170

人々を病気から救った歴史ある廟

統埔鎮安宮《トンプージェンアンゴン》

―Tongpu Zhenangong―

屏東縣車城郷統埔村統埔路54之6號

南台湾屈指の温泉地・四重溪温泉を有する車城エリアにある廟。百八十年以上の歴史を持ち、地域の人々の健康を守り続けている。

主神は関聖帝君で、廟の真上にも巨大な像が鎮座している。これは台湾最大の関聖帝君廟で、地域の誇りの一つでもある。

【MAP】P170／F＋5

●**宗教**…道教　●**神**…関聖帝君、媽祖ほか

●**アクセス**…「車城」バス停留所より、201、301A、302番のバスに乗り「統埔」下車、北へ徒歩約6分。

パワースポット

171

屏東では数少ない天主堂の一つ

屏東天主堂《ピントンティェンジュウタン》

―Pingtun Tianzhutang―

屏東市公園路23號

屏東公園（P124）の目の前にある教会で、屏東では数少ない天主堂の一つ。一九五三年創建で、赤と白を基調とした建築がかわいい。

マリア像、ヨセフ像が掲げられた教室は数百人を収容でき、特に毎年の定例祭では大規模なお祝いが行われるようだ。

【MAP】P170／F＋3

●**宗教**…キリスト教　●**神**…イエス・キリスト

●**アクセス**…台鉄「屏東駅」北口より、北東に向かって中山路／民族路／中華路／公園路へと進む。徒歩約12分。

パワースポット

172

小さな町に残る神社遺跡

佳冬神社遺跡《ジャアトンシェンショァイージー》 — Jiadongshenshe Yiji —

屏東縣佳冬鄉佳農街9號

▲本殿があったであろう場所の手前に立つ鳥居。何かが書かれた痕跡がある。

【MAP】

P170／F＋4

●**宗教**…神道

●**神**…現在はなし

●**アクセス**…台鉄「高雄駅」より、高雄客運バス・9188A番鵝鑾鼻行きに乗り、約1時間50分の「佳冬農校」下車、北西へ徒歩約3分。

台湾海峡に面する町・佳冬に静かに残る佳冬神社跡。創建は一九三六年で、往時に祀られていたのは天照大神や開拓三神だったという。

四基あった鳥居のうち二基が残っている。また、神橋、石柵、石灯籠の台座、正殿の基壇なども残っている。

一方、狛犬は、近隣の佳冬高級農業職業学校に移設されているようだが、その理由は定かではない。

▲もう1つの鳥居。朽ち果ててはいるが、逞しく残る往時の鳥居。

パワースポット

173

園内に神社の痕跡が残る

屏東公園《ピントンゴンユエン》**（阿緱神社遺跡**《アーゴウシェンショァイージー》**）** — Pingtunggongyuan（Agoushenshe Yiji）—

屏東縣屏東市公園路

屏東市民の憩いの場でもある屏東公園の一角に、かつて阿緱神社という神社があった。戦後いったん忠烈祠に改変されたが、忠烈祠が別の場所に移設されるのと併せ神社遺跡は取り壊されたという。

ただし、現在も神橋などには、神社の面影を感じることができる。

【MAP】P170／F＋3

●**宗教**…現在はなし　●**神**…現在はなし

●**アクセス**…台鉄「屏東駅」北口より、北東に向かって中山路／民族路／中華路／公園路と進む。徒歩約12分。

パワースポット

174

屏東駅前のランドマーク的廟

慈鳳宮《ツーフォンゴン》 — Cifenggong —

屏東市中山路39號

屏東駅から真っすぐに伸びる中山路沿いのランドマーク的廟。一七三七年創建で、廟内の随所に歴史を感じさせる装飾がなされている。

一九八三年に漏電によって大火災となり、本殿は焼け落ちたものの、本尊は傷一つなく見つかったという伝説がある。

【MAP】P170／F＋3

●**宗教**…道教　●**神**…媽祖ほか

●**アクセス**…台鉄「屏東駅」北口より、北に向かって中山路を直進、左側にある。徒歩約3分。

台湾のキリスト教と神道とは何か

■キリスト教の二大宗教

道教に次いで台湾で信徒が多いのが、キリスト教のプロテスタントとカトリックである。本書でも数多く紹介した〝教堂〟と名のつく聖殿はプロテスタントで台湾での正式名称は基督教（基督長老教会とも）。一方、〝天主教〟の名のつく聖殿は、カトリックである。

▲彰化の耶穌聖心堂（P76）でいただいた参拝記念カード。カトリックとなる天主教のもので、宗教画がどことなく中華的である。

　プロテスタントは一六二四年、オランダ東インド会社上陸によって訪れたイギリス人司祭が原住民に対し宣教したのが始まりである。宣教初期から半中国的な思想があり、後の台湾民主化のバックボーンにも繋がった。台湾独立思考が強いこともあり台湾独自の言語、台湾語での礼拝も行っているという。

　一方、カトリックの始まりはプロテスタントよりやや遅れた一六二六年。台湾北部にスペインが上陸した後、スペイン人司祭によって宣教が始まった。しかし、台湾南部を統治していたオランダがスペインを排除したことで、この時点でのカトリックは実際にはあまり浸透には至らなかったようだ。

　しかし、後の一八五九年、ドミニコ教会のスペイン人がフィリピンを経由し上陸し、高雄において改めてカトリック布教を行った。当時の信徒は圧倒的にプロテスタントが多かったようだが、日本統治時代を経て戦後に国民党軍と併せて入植した、いわゆる外省人らにより多く広まっていった。

　台湾内政部の統計によれば、現在の信徒数はプロテスタントが約三一九万人、カトリックが約十八万人と、やはりプロテスタントのほうが倍以上の人たちに支持されているようだ。また、プロテスタントは関連の大学、学校、病院が多い。いずれもイエス・キリストを神とし、聖書を聖典として扱っているが、前述のようなルーツの違い、そして台湾特有のイデオロギーの違いがあるようだ。

■台湾の神道

今日の台湾では日本の神道を

信仰する人は極めて少ないが、他宗教と神社遺跡を混在させたり、神社遺跡を古跡として保存する例は少なくない。

また、近年では高士神社（P120）や鹿野神社（P138）のように神社を再興するケースもある。日本以外でここまで〝神社〟に親しみを持つ国は、台湾の他にまずないだろう。

台湾に初めて神社が鎮座したのは一九〇一年の台湾神社（後に台湾神宮と改名）である。

今日の台北・圓山大飯店が建つ地に建てられたもの。台北駅周辺から北に伸びる現在の中山北路も往時は〝勅使街道〟と命名され台湾神社へのアクセスを考えて開通された。

その祭神は大国魂命（オオクニタマノミコト）、大己貴命（オオナムチノミコト）、少彦名命（スクナヒコナノミコト）、そして、日本の台湾統治目前の一八九三年に台南で亡くなった北白川宮能久親王（キタシラカワ・ヨシヒサシンノウ）だ。台湾神社は台湾島の総鎮守として、日本統治時代は最重要神社とされた。

この台湾神社の鎮座以降、台湾の主要地域には続々と神社が造営された。その理由は統治にあたっての国威発揚の狙いと、在台日本人の信仰の場としての意義による。

▲日本統治時代の絵はがき。台湾神社の入口付近のもの。前方は現在の中山北路である。

▲こちらも日本統治時代の絵はがき。嘉義神社のもので、現在の嘉義公園（P95）である。嘉義公園には、参道脇に建てられた社務所が今もそのまま残っている。

■神社造営の第二波

一九三三年に日本が国際連盟から脱退し、日本の情勢が悪化し始めると、国家神道に基づいて、内地はもちろん台湾を含む全国民に対して、さらに国威発揚、国民精神の高揚を行う必要が生じた。これに伴って台湾でも多くの神社が造営されることになったという。

一九三六年には、皇民化運動が始まり、地方行政単位の町や庄にも神社を建てる政策が始まるが、翌年には日中戦争、一九四一年には太平洋戦争に突入する。この時期になると、地

▲台南の植物園・南元花園休閒農場には、近年、鳥居を模したブランコが登場。神道を冒涜しようという意図ではなく、むしろ鳥居や日本の慣習に親しみを込めて作られたように筆者には映るのだが、台湾国内の一部で問題視されたようで撤去となった。

▲台南の日本式コロッケ専門店「有吉可樂」の店先にある、鳥居を模したオブジェ。

方財政が苦しくなり、一転し神社造営は極めて少なくなったようだ。

■戦時中の台湾の神社

太平洋戦争が激化すると、台湾人にも兵役義務が課せられ、約二十一万人の台湾人が日本軍とともに戦った。特に原住民志願者で編成された高砂義勇隊の間では、本書紹介の高士神社の前で「生きて帰って来られなかったら、神社で会おう」と約束を交わすケースもあったようだ。

■台湾の神社のその後

戦後、日本が台湾から撤退し、後に中華民国に統治され始めると、神社は破壊されたり、国民党軍の英霊を祀る忠烈祠に改変される例が多かった。本書でも複数紹介しているが、こういった忠烈祠の中には神社の痕跡が今も残る場所が少なくない。

また、中華民国以降の台湾は長らく恐怖政治を強いられたこともあり、日本統治時代を懐かしむ台湾人が神社そのものを〝かつて神が宿った場所〟として大切に保存する例もある。

さらに鳥居喫茶食堂（P90）のように日本統治時代の象徴の一つである鳥居をテーマにした飲食店ができるなど、やはり神社や鳥居が親しまれていることがよくわかる。

今日の台湾の宗教の一つに神道があるとは言えないが、潜在的な親しみを抱く人は少なくないように筆者には映る。

第六章・

台東《タイトン》・花蓮《ホワリエン》・宜蘭《イーラン》の聖殿と神々

台湾東部（台東、花蓮、宜蘭）の大半が原住民エリアであるため道教、仏教、儒教、キリスト教、神道といった外来宗教は少なそうに感じるが、それでも長い歴史の中で育まれた廟、寺院、キリスト教会が点在しており、中には原住民文化と融合した宗教もある。

屏東より台湾島を反時計回りに進んだ太平洋に面する台東は、南北で二百キロもの距離があり、各地を巡る交通手段は限られているが、中心部はもちろん、農村部や海岸沿いにも廟、寺院、キリスト教会が点在しており、宗教観を感じることができる。

台東の北に隣接する花蓮は、日本統治時代に林業、農業、製糖などで栄えたエリアで、日本人移民村も作られた地域。台東同様原住民文化が根強いエリアであり、史実を辿れば原住民と日本人との争いも多々あった。しかし、今日ではかつての神社を再興したり、遺跡を守ったり、日本人功労者を神として祀り続けるなど、日本統治時代を大切に思う風潮が強いこともエリアの特徴の一つである。

そして、その花蓮の北部に隣接する宜蘭。北西部は新北と隣接し、台北からもアクセスしやすいことで人気の観光地だが、特に平地には行政以前から漢人が多く入植していたこともあり、宗教も実に多彩だ。

一方、宜蘭の山岳部は原住民文化が根強く、廟は少ないもののキリスト教会は複数ある。また、宜蘭の東岳村・金洋村・澳花村・寒渓村界隈では、〝宜蘭クレオール〟という日本語と原住民語が合わさった独特の言葉が日常的に使われわている。キリスト教会の礼拝もこういった〝日本語が交じった〟言葉で行われることもあるようだ。

パワースポット
175

参拝に加えて温泉にも浸かれる廟

知《ジー》本《ベン》忠《ツォン》義《イー》堂《タン》

Zhiben Zhongyitang

台東縣卑南郷郷泉村龍泉路38號

▲主神となる蘇府王爺の他、複数の神々が鎮座している。

▲筆者は本書の取材で12年ぶりに訪れたが、綺麗に改装されていた。

▲個室温泉の室内。バスタブが温泉焼けするなど、年季は入っているが、清潔である。

▲写真手前の箱に、自らが決めた入浴料を払う仕組み。

▲中に進むと、個室温泉が複数ある。鍵をかけられない個室もあるので、ドアにタオルをかけておくなど、人がいることをアピールしておきたい。

〝美人湯〟と言われ、数多くある台湾の温泉地の中でも間違いなく三本の指に入る知本温泉。エリアにある大半の施設は宿泊はもちろん、日帰り入浴ができるが、参拝と併せて温泉にも入れる廟がある。それがここ知本忠義堂である。

事前情報がなければ、廟のどこに温泉施設があるのかはわからないが、本殿を正面に見て右側に入口がある。寄付金（金額は決めておられず、個々の心付けで良い）を箱に入れ、中に進むとちょうど本殿の裏側の通路に個室温泉がズラリとあり、自由に入ることができる。

各個室温泉は年季が入っているものの衛生的だ。シャワー、石鹸、シャンプーはなく蛇口から出るお湯と水をうまく混ぜて、桶に汲んで体にかける……という流れである。施設としては簡素ではあるものの廟での温泉入浴は、不思議と心身が浄化されるような気分になる。

【MAP】
P171／B＋4

●宗教…道教
●神…蘇府王爺
●アクセス…台鉄「台東駅」より、自強號（特急）知本行きに乗り、約10分の「知本駅」下車。鼎東客運バス・8129番森林遊樂區行きに乗り、約30分の「白玉瀑布」下車、東へ徒歩すぐ。

パワースポット

176

約七メートルの済公活仏が見守る

済化殿《ジーフゥアディエン》 ｜Jihuadian｜

台東市雲南路191號

▲済公活像は各地で見かけるが、ここ済化殿のそれは一際ユニークな表情をしている。

▲日本式の建築構造を持ち、2つのホールを有する本殿。孔子、王爺神、済公活はじめ数多くの神々が鎮座している。

一九五四年、台湾の雲林県より移住した林さんという方によって開かれた廟。主神は孔子だが、数えきれないほどの神々が鎮座しており、神殿も多くある。

鎮座する神の一つ、済公活は廟のシンボルにもなっており、写真の通り巨大な済公活像も鎮座している。済公活の巨大像は他にもあるが、ここのそれはユニークな表情をしている。

【MAP】
P171／B＋4

●**宗教**…道教
●**神**…孔子、王爺神、済公活
●**アクセス**…台鉄「台東駅」より、自強號（特急）知本行きに乗り、約10分の「知本駅」下車、北へ徒歩約9分。

パワースポット

177

歴史文化建築にもなった聖殿

台東天后宮《タイトンティェンホウゴン》 ｜Taidong Tianhougong｜

台東市中華路一段222號

創建一八七五年。台湾東部では最古の媽祖廟で、日本統治時代でも漢族の文化や慣習を守った場所として知られている。

これまでに台風や地震で損傷もあったようだが、創建時から基本はそのままで、今日も昼夜問わず多くの参拝者、観光客が訪れている。

【MAP】P171／C＋3

●**宗教**…道教　●**神**…媽祖
●**アクセス**…台鉄「台東駅」より、普悠瑪客運バスに乗り、約34分の「天天來」下車、南東へ徒歩3分。

パワースポット

178

参道がいかにも神社な忠烈祠

台東忠烈祠《タイトンツォンリィエツー》（台東神社遺跡） ｜Taidong Zhongliеci (Taidong shenshe Yiji)｜

台東市博愛路500號

台東市の中心部にある鯉魚山にそびえる忠烈祠。ここは一九一一年に創建された台東神社があった場所で、微かに往時の面影を見ることができる。

本殿左側にある胡鉄花記念碑や松の木がそれだが、本殿まで続く緩やかな坂の参道もいかにも神社らしい雰囲気がある。

【MAP】P171／C＋4

●**宗教**…なし　●**神**…鄭成功、英霊ほか
●**アクセス**…台鉄「台東駅」より、鼎東客運バスに乗り、約29分の「臺東轉運站」下車、西へ徒歩約11分。

パワースポット
179

色鮮やかな神々が鎮座する仏教寺

仏緑禅寺《フォーユエンチャンスー》 — Foyuan Chansi —
台東縣海端郷崁頂村中石76號

▲寺の内外に神殿があるが、いずれも色鮮やかな大小の神像が鎮座している。

▲香炉の前に鎮座する釈迦。

▲寺のシンボルでもある阿弥陀如来。

【MAP】
P171 ／ C＋2

●**宗教**…仏教
●**神**…阿弥陀如来
●**アクセス**…台鉄「台東駅」より、自強號（特急）樹林行きに乗り、約20分の「関山駅」下車。タクシーで北西へ約15分。

米どころとして知られる台東・関山の山間にある仏教道場。一九八七年創建で下の仏光禪寺の分寺でもあるため、雰囲気や聖殿の構造が似ている。阿弥陀如来のほか数多くの彩り鮮やかな神々が鎮座している。

敬虔な仏教徒の修行場であり、取材時も尼僧が仏教讃歌を歌いながら修行を行っていた。真摯な気持ちでの来訪を心がけたい。

パワースポット
180

蓮の花のカタチの仏教寺

仏光禅寺《フォーカンチャンスー》 — Foguang Chansi —
台東縣池上郷富興村7鄰94號

▲仏緑禪寺同様、院内には数多くの神々が鎮座しているが、金色の像が多い。

▲芸術的評価も高い蓮の花のカタチをした聖殿。

【MAP】
P171 ／ C＋2

●**宗教**…仏教
●**神**…阿弥陀如来
●**アクセス**…台鉄「池上駅」より、鼎東客運バス・8176番（便数極少）南興行きに乗り、約35分の「佛光寺」下車、南へ徒歩約2分。または、「池上駅」よりタクシーで約20分。

一九五五年創建の仏教寺。上の仏緑禪寺の本寺であり、やはり多くの神々が鎮座している。現在のカタチになったのは一九九〇年以降のようだが、最も目を引く蓮の花のカタチをした三階建ての聖殿は、全高約十五メートル。各フロアとも安心して修行や参拝ができるよう天井が高い。

毎年十月に行われる〝十方法會〟という合同修行には台湾全土から仏教徒が集まるようだ。

▲園内で最も巨大な男根。いきりたった顔のような彫刻がなされている。

▲鳥居や忠烈祠の門の造形から影響を受けたと思われる男人の石の門。

パワースポット
181

子宝に恵まれる男根だらけの公園

男人《ナンレン》の石《シー》

— Nanrenshi —

台東縣成功鎮石傘路（台11號道106公里）

▲クルクル回る男根オブジェが並ぶ遊歩道。

▲男根の前で記念撮影する一家。

▲園内には太子宮という廟もあり、太子元帥を祀っている。

台東の海岸線を走る省道11号線の、石雨傘というエリアに、男根をテーマにした、その名も〝男人の石（男人石とも）〟というパワースポットがある。

入口にある真っ赤な鳥居風の門をくぐり進んでいくと、遊歩道に男根のオブジェが複数並んでいる。このオブジェは、クルクルと回すことができるのだが、まだ小さい子どもが、無自覚にクルクル回して喜んでいるのを見ると、複雑な気持ちになる。さらに広場まで進むと、一角に池があり、ここには巨大な男根が鎮座。来訪者の大半はこの男根を拝み、記念写真などを撮るようだ。

もともとは園内にある石灰岩がたまたま「男根に見える」ということで創建に至ったようだ。この地の男根を拝めば、子宝に絶大な効果があるようだが、この他、富、仕事、健康などの運気も上がるとも言われている。

【MAP】
P171／C+2

●宗教…なし
●神…なし
●アクセス…台鉄「玉里駅」より鼎東客運バス・8181番（便数少）成功行きに乗り、約2時間15分の「石雨傘」下車、北西へ徒歩約3分。

パワースポット
182

カードのようにペラッペラな教会

卡《カー》片《ピィエン》教《ジャオ》堂《タン》

― Kapian Jiaotang ―

台東縣成功鎮博愛里宜湾路11號

▲“カード教会”正面。他の教会に比べれば、装飾は極めてつたないと言わざるを得ないが、その手作りな感じがまた親しみとかわいらしさを生み出している。

本書紹介の多くのキリスト教会の中でも特に驚いたのがここ卡片教堂だ。正面から見れば様々な装飾がなされているように映るのだが、裏側に回ると板に装飾を施しただけの、ペラッペラなものであることがわかる（右写真）。

もともとは一九五二年創建の、敬虔な長老教会だったようだが、一九七四年に起きた台風被害により教会が破壊。再建する際に、とあるクリスマスカードに描かれていた教会を模倣しようと思ったところ予算的な問題だったのか、それとも冗談だったのか、カードそのものの〝ペラッペラ感〟までをも模倣し、このような教会が誕生したのだという。

ただし、この教会への注目度は高く、映画のシーンでたびたび使われている他、台湾の有名ミュージシャンの作品ジャケットで使われ、キッチュな見方での芸術的評価もあるようだ。

【MAP】
P171 ／ C＋2

●宗教…キリスト教
●神…イエス・キリスト
●アクセス…台鉄「玉里駅」より、鼎東客運バス・8181番（便数少）成功行きに乗り、約2時間の「南宜灣」下車、北西へ行きすぐ。

▲今では地域の人々のほとんどがキリスト教徒で、この教会を拠点に慈善事業などを行っているようだ。

▲1990年に起きた台風で旧経堂が壊れ、改変でこのカタチになったという。

パワースポット

183

巨大な船の内部に礼拝堂を持つ

樟原長老教會《ジャンユェンジャンラオジャオフェイ》 ― Zhangyuan Zhanglao Jiaohui ―

台東縣東河郷都蘭村34鄰302號

【MAP】

P171／D＋1

- **宗教**…キリスト教
- **神**…イエス・キリスト
- **アクセス**…台鉄「光復駅」より、花蓮客運バス・1125番豐濱行きに乗り、約1時間20分の「豐濱」下車。1127番に乗り換え、約1時間30分の「樟原社區」下車、徒歩約2分。

台湾に五つあると言われるノアの方舟型のキリスト教会の一つ。台東と花蓮の県境に位置する長浜エリアにある。

筆者はこの教会に訪れる前にネットなどで写真は見ていたが、実際に生で見ると、船の全高は十メートル以上はあると思うほど巨大だった。上の写真の通り、内部には礼拝堂を含む二フロアがあることからも、その大きさはわかっていただけるはずだ。

▲シャープな船型教会。できるだけ長い時間、内部に光を取り込めるよう工夫がなされているという。

▲海岸から徒歩数分の立地にあり、太平洋からの海風を浴びながら参拝と併せて、のんびりと散策できる庭園。

パワースポット

184

スイス人司祭による船型教会

都蘭天主教《ドゥランティェンジュウジャオ》 ― Dculan Tianzhujiao ―

台東縣東河郷都蘭村34鄰302號

【MAP】

P171／C＋3

- **宗教**…キリスト教
- **神**…イエス・キリスト
- **アクセス**…台鉄「台東駅」より、鼎東客運バス・8103番成功行きに乗り、約1時間30分の「都蘭A」下車、北西へ徒歩約3分。

一九七一年、スイス人司祭と地元の人々によって創建されたキリスト教会。こちらもノアの方舟を模した建築だが、直線が多い分、他の船型教会よりもシャープで荘厳な印象を与えている。

アミ族が多く暮らすエリアにあることから、アミ族の収穫祭を教会の司祭主催で行うなど、地元の慣習とキリストの教えを融合させる試みが数多く行われているようだ。

▲易の基本図像・八卦を背に天地の母と天地の父が一体化する。

パワースポット
185

男女の一体化に霊験あらたかな寺院

女媧《ニュウワー》娘娘廟《ニィアンニィアンミィアォ》

— Nuwa Niangniang Miao —

花蓮縣豐濱鄉小港1之2號

【MAP】
P172／G＋4

- **宗教**…道教
- **神**…女媧ほか
- **アクセス**…台鉄「花蓮駅」より、花蓮客運バス・1145番成功行き、または1127番臺東站行きに乗り、約2時間30分の「恩主公廟」下車、南へ徒歩約2分。

▲太平洋沿いにあり、廟の敷地内から眺める海岸の景色も実に美しい。

▲色鮮やかでかわいらしい、独特の供物が神殿前に並べられている。

花蓮南部の台東に近い豊濱エリアの海岸線にある廟。男女が一体化し絡み合うオブジェが表している通り、恋愛、結婚、子宝に霊験あらたかだとして知る人ぞ知るパワースポットである。

一九八七年創建で、主神は古代中国の神話に登場する女媧。この神こそが人々を生み出し、結婚の構造を作り、そして森羅万象も司るとされている。また、天地の母と天地の父は、目には見えない面に悟りがあり、それらは陰陽五行思想に反映されると考えられている。

門外漢の筆者には難しい宗教観だが、この廟ではなんと日本語での祈祷もしてくれるらしいので、興味のある方は問い合わせてみると良いだろう。また、宿泊施設も併設しているので、界隈を巡る際の拠点にするのも良いかもしれない。

▲再興された本殿。開拓三神と能久親王を祀っている。

▲鹿野神社は下の崑慈堂の裏手にある。写真には写っていないが、神社脇には金炉もある。

パワースポット

186

八十四年ぶりに再興された神社

鹿野神社《ルーイエシェンショア》　| Luyeshenshe |

台東縣鹿野郷光榮路308號

一九一五年、主にサトウキビ栽培にたずさわるため二百六十人以上の日本人がここ台東・鹿野に移民した。彼らの心のよりどころだったのがこの鹿野神社である。

戦後、神社は解体され、下の崑慈堂に改変されたが、二〇一五年に地元有志の強い熱意のもと、八十四年ぶりに崑慈堂の脇に再興。屏東の高士神社（P120）に次いで二番目の再興例となった。

【MAP】P171／C＋3

●**宗教**…神道

●**神**…開拓三神、北白川宮能久親王

●**アクセス**…台鉄「台東駅」より、鼎東客運バス・8168A番永康行きに乗り、約1時間30分の「光榮（崑慈堂）」下車、北へ徒歩約1分。

パワースポット

187

鹿野神社そばの道教廟

崑慈堂《クンツータン》　| Luncitang |

台東縣鹿野郷光榮路308號

戦後、上の鹿野神社跡地に建てられた土地公祠を発端とし、一九八〇年に正式に創建された廟。現在は媽祖や元始天尊ほか数多くの神々が鎮座している。

古物を通して地域の歴史を知る文物館もあるので、併せて見学してみると良いだろう。

【MAP】P171／C＋3

●**宗教**…道教　●**神**…瑤池金母ほか

●**アクセス**…台鉄「台東駅」より、鼎東客運バス・8168Aに乗り、約1時間30分の「光榮（崑慈堂）」下車すぐ。

パワースポット

188

台東の海の守護神

台東海神廟《タイトンハイシェンミャオ》　| Taidong Haishenmiao |

台東市富岡里松江路一段316巻17弄1號

台東イチの港・富岡漁港近くにある廟で、その名の通り海の守護神として鎮座している。もともとは一九五六年創建だが、現在の地には一九七〇年に移ってきたという。

主神は如意娘娘。地域に根付いた女神で、漁師たちが平和のために考えた神と言われている。

【MAP】P171／C＋3

●**宗教**…道教　●**神**…如意娘娘ほか

●**アクセス**…台鉄「台東駅」より、鼎東客運バス・8103番に乗り、約45分の「富岡新村」下車すぐ。

パワースポット

189

鳥居に掲げられた〝寺〟の文字

碧蓮寺《ビーリェンスー》（豊田神社遺跡《フォンティエンシェンショァイージー》）

― Biliansi（Fengtianshenshe Yiji）―

花蓮縣壽豐郷民權街1號

▲碧蓮寺の本殿。見ての通り、旧神社の遺跡が数多く残る他、開村30年の際の記念碑もある。

▲参道入口に逞しくそびえる鳥居。現在は仏教寺に改変されているため、“寺”の文字が書かれている。

【MAP】

P172／G＋3

● 宗教…仏教
● 神…釈迦、不動明王ほか
● アクセス…台鉄「花蓮駅」より、自強號（特急）台東行きに乗り、約15分の「壽豐駅」下車。タクシーで南へ約10分。

主に花蓮港庁に勤める人々の移民村だった寿豊エリア。一九一五年、この地に鎮座したのが豊田神社である。

戦後、釈迦や不動明王を祀る仏教寺・碧蓮寺に改変されたが、残された鳥居には〝碧蓮寺〟の文字が掲げられている。院内にも往時の石灯籠、狛犬、開村の周年記念碑などが残っており、仏教寺でありながら、神社的要素が多く残る聖殿となっている。

パワースポット

190

家屋に食い込んだ鳥居と神社跡

玉里神社遺跡《ユィリーシェンショァイージー》

― Yulishenshe Yiji ―

花蓮縣玉里鎮西邊街

▲壊れた石段の一部はベニヤで補強されていた。地元の方々の尽力が伝わってくる。

▲旧参道の鳥居の片方の脚は家屋に食い込む格好だ。家屋を建てることにしたものの、鳥居を撤去してはいけないという事情によるものだと思われる。

【MAP】

P172／F＋5

● 宗教…現在はなし
● 神…現在はなし
● アクセス…台鉄「花蓮駅」より、自強號（特急）台東行きに乗り、約50分の「玉里駅」下車、西へ徒歩約15分。

一九二九年創建の玉里神社跡。現在も二基の鳥居が残るが、そのうちの一基は写真のように家屋に食い込んだ（というより、家屋が鳥居まで食い込んだ）カタチとなっている。

戦後、社殿は取り壊されたものの石灯籠などは手つかずで残っていたため二〇〇八年に花蓮県が古跡として登録。以降地元のボランティアの方々が神社跡の整備をし、修復を目指しているようだ。

▲手前のバイク避けがなければ、日本の景色だと言われても疑わないであろう、花蓮・鳳林の林田神社。

▲往時の林田神社の屏も再現。今後も完全な再現、再興を目指すという。

パワースポット

191

移民村百周年で神社の外観が復活

林田神社《リンティェンシェンショァ》 ― Lintianshenshe ―

花蓮縣鳳林鎮復興路41號

一九一四年に国営の日本人移民村として開かれた林田村。移民村開村から間もなくして創建されたのがここ林田神社である。

戦後は一時忠烈祠となった後、一九七七年に取り壊しとなったようだが、二〇一四年に地域の方々の尽力のもと開村百周年を記念して、まず神社の外観を復元。桜の木を植えるなどし、往時の林田神社の完全再現を目指している。

【MAP】 P172／G＋3

●宗教…神道
●神…能久親王・開拓三神
●アクセス…台鉄「花蓮駅」より、自強號（特急）台東行きに乗り、約30分の「鳳林駅」下車。タクシーで東へ約10分。

パワースポット

192

神社への思いを馳せる鳥居がある農場

鳥居農場《ニィァォジュノンチャン》 ― Niaojunongchang ―

花蓮縣鳳林鎮975號

上の林田神社にほど近い場所の鳥居がある農場。神がかった場所ではないが、農場を運営する徐明堂さんという方が、林田神社での幼少期の思い出を忘れないよう立てたという。

農場では農薬に頼らない耕作を試行錯誤しているようだ。

【MAP】 P172／G＋3

●宗教…なし　●神…なし
●アクセス…台鉄「花蓮駅」より、自強號（特急）で約30分の「鳳林駅」下車。タクシーで東へ約10分。

パワースポット

193

客家人が集う地域に根付いた廟

竹田義民亭《ツーティェンイーミンティン》 ― Zhutian Yimingting ―

花蓮縣富里鄉竹田村10號

花蓮・竹田エリアを通りがかった際、たまたま鳥居のように見える門があったため立ち寄った廟。

後に神社とは全く関係がないことを知るが、廟内では地域の子どもたちに向けて伝統的な客家料理の教室を開くなど、和やかな憩いの場であることを知った。

【MAP】 P172／F＋5

●宗教…道教　●神…褒忠義民爺ほか
●アクセス…台鉄「台東駅」より、區間車（普通）花蓮行きに乗り、約1時間の「東竹駅」下車、南へ徒歩約15分。

パワースポット

194

十二年以上焼かれない王船

花蓮代天府《ホアリエンダイティエンフゥ》 ｜Hualian Daitianfu｜

花蓮市花蓮市明義街1之36號

▲東大門夜市近くにそびえる福徳正神。地域の人々の守護神である。

▲祭祀などで活躍する神を模した人形が、そのまま神像として大切に祀られている。

【MAP】

P172／G＋2

●宗教…道教
●神…五府千歳、王爺神ほか
●アクセス…台鉄「花蓮駅」より、太魯閣客運バス・301番東華大學行きに乗り、約20分の「信義國小」下車、南へ徒歩約3分。

花蓮イチの巨大夜市・東大門夜市近くにある廟。巨大な福徳正神像がシンボルだが、主神は五府千歳で、この他多くの神々が鎮座している。また、海に近いこともあり、五王が乗る王船も祀られている。

王船を祀る廟と言えば、東港東隆宮（P122）が有名だが、東港東隆宮が三年に一度船を焼き払うのに対し、ここ代天府では十二年以上も焼かれないこともあるようだ。

パワースポット

195

王母娘娘による悪霊払いが評判

勝安宮《ションアンゴン》 ｜Shengangong｜

花蓮縣吉安郷勝安村慈恵三街118號

▲美しい聖殿の中には1949年に王母娘娘が降臨した際の記念碑もある。

▲人々の病を治し、悪霊払いもするという“万能の神”王母娘娘が鎮座する神殿。

【MAP】

P172／G＋2

●宗教…道教
●神…王母娘娘ほか
●アクセス…台鉄「花蓮駅」より、花蓮客運バス・1131番銅門行き、または1139番壽豐行きに乗り、約12分の「荳蘭橋」下車、北へ徒歩7分。

道教で考えられる女仙の最高位にあたる玉皇上帝の母親・王母娘娘（西王母）が鎮座する廟。一九四九年の創建以来、地域の人々の健康祈願、悪霊払い、財運向上を行ってきたパワースポットである。

取材時、筆者が誤って正面左側の階段から本殿に向かって上がったところ、館内アナウンスで「戻って右側から入りなさい」と注意を受けた。規律が厳しく、敬虔な道教廟なのだと思う。

パワースポット

196

〝3D階段〟と呼ばれる名物階段がある廟

花蓮天公廟《ホアリエンティエンゴンミィアォ》（北濱福天宮《ベイビンフゥティェンゴン》）

花蓮市北濱街69巷1之1號

― Hualian Tiangongmiao（Beibin Futiangong）―

▲廟の脇にある階段。廟そのものの認知を超え、階段のほうが注目を浴びているようだ。

【MAP】
P172／G＋2

- 宗教…道教
- 神…玉皇大帝ほか
- アクセス…台鉄「花蓮駅」より、花蓮客運バス・105番七星潭行きに乗り、約15分の「北濱公園」下車、北西へ徒歩約4分。

▲天界、宇宙を司る道教の最高神・玉皇大帝を主神とする花蓮天公廟。

▲上は2018年に撮影したものだが、2019年に撮影した右の写真と比べると、微妙な変化がある（小さいサーファーのお姉さんが波の中に消え、背後の岩の断面が濃くなっている等）。読者の方も是非最新の絵との違いを見つけて欲しい。

花蓮市内の北濱街にある花蓮天公廟（正式名称は北濱福天宮）。道教の中でも位が最も高い玉皇大帝を主神とし、参拝者が多く訪れているが、近年特にネットでおおいに話題になっているのが、廟の脇にある階段付近の立体壁画である。

台湾では〝3D彩繪（3D塗装）〟と呼ばれ、花蓮の新観光地として人気を集めているようだ。確かにこれらをバックに写真を撮ればインスタ映えすることウケアイである。

パワースポット

197

日本人功労者を称える鳥居と紀念碑

江口良三郎紀念碑《ジャンコウリィアンサンランジニィエンベイ》
─ Jiangkouliangsanlang Jinianbei ─
花蓮市海岸路

▲1926年に江口さんが逝去した翌年、地元の有志が建てた紀念碑。建設からすでに90年以上が経つ。

▲江口さんが庁長を務めた花蓮港の海岸を眼前に、記念碑の前に建つ鳥居。

【MAP】
P172／G＋2

●**宗教**…なし
●**神**…江口良三郎（御霊）
●**アクセス**…台鉄「花蓮駅」より、花蓮客運バス・1123番に乗り、約30分の「石凋博物館」下車。南東（海岸沿いの公園）へ徒歩約5分。

花蓮の海沿いにある美崙浜海公園の片隅に小さな鳥居と紀念碑がある。花蓮港庁長を務めた江口良三郎さんの功績を称えるものである。

左頁でも紹介するが、日本統治初期の花蓮界隈は、地元原住民との間でトラブルがあったようだ。しかし、江口さんは彼らの民族性を尊重し、原住民の野球チームを日本内地へ招致するなど、理解ある役人だったという。

パワースポット

198

"カレンコ"神社跡の忠烈祠

花蓮忠烈祠《ホアリエンツォンリィエツー》（花蓮港神社遺跡《ホアリエンガンシェンシェァイージー》）
─ Hualian Zhonglieci（Hualiangangshenshe Yiji）─
花蓮市復興新村82號

今も地域のご老人の間では"カレンコ（花蓮港）"の名で呼ばれる花蓮市内。その美崙山公園にある忠烈祠はかつて花蓮港神社があった場所。わずかだが、神社の遺跡もあった。ただし、二〇一八年の花蓮地震の影響で、二〇一九年七月現在改修工事のため閉鎖されている。

【MAP】P172／G＋2

●**宗教**…なし　●**神**…鄭成功、英霊ほか
●**アクセス**…台鉄「花蓮駅」より、花蓮客運バス・1141番梨山行きに乗り、「大同市場」下車、北東へ徒歩約15分。

パワースポット

199

ボランティア仏教団体の聖地

慈済静思精舎《ツーチージンスージンシャー》
─ Ciji Jingsi Jingshe ─
花蓮縣新城郷康樂村精舎街88巷1號

台湾仏教の一つ、慈済基金会は、被災地や恵まれない人々へのボランティア活動でよく知られる宗教団体。東日本大震災の際もおおいに活躍したことで知られる。

ここはその聖地で、多くの尼僧が修行をしている。敷地内には自給自足を目指す広大な畑もある。

【MAP】P172／G＋2

●**宗教**…仏教　●**神**…釈迦
●**アクセス**…台鉄「北埔駅」より、花蓮客運バス・1126番洛韶行きに乗り、「康樂村」下車、北西へ徒歩約5分。

▲新城天主堂および新城公園付近に残る三基の鳥居。そのままの状態で残っているのは一基だけで、これ以外の二基は看板の役割を持たせるための改変がなされている。

パワースポット
200

鳥居をくぐって参拝するキリスト教会

新城天主堂《シンチァンティエンジュウタン》（新城神社遺跡《シンチァンシェンショァイージー》）

―Xincheng Tianzhutang（Xinchengshenshe Yiji）―

花蓮縣新城郷博愛路64號

▲ツタに覆われた新城天主堂。やはりノアの方舟を模した造形だが、その手前には塗装された神社跡の石灯籠がある。

▼新城天主堂に飾ってあった日本統治時代と、現在とを比べる絵。

台湾原住民による抗日事件と言えば霧社事件が有名だが、これよりさらに三十年以上前、ここ花蓮・新城では新城事件と言われる抗争があった。

一八九七年、日本が統治して間もない頃、日本軍人の一人がタイヤル族の士族、セデック族の女性を暴行。激怒したセデック族を含むタイヤル族がここ新城の兵舎を攻撃し、日本人二十三名を殺害したというものである。

また、後の一九〇六年には、日本による事業の一貫としてタイヤル族が先祖代々守ってきた狩猟領域にまで侵入し、彼らから激しい反感を買い、事業所で日本人二十五人が殺害されたという威里事件というものもあった。

このように新城エリアでも抗日運動があったのだが、それらの事件が収束した一九三七年に、この新城神社（新城社とも）が創建された。

戦後、神社の本殿は取り壊されたが、現在もその面影を色濃く残しており、現在の新城公園および公園に隣接する新城天主堂には石灯籠、狛犬がある。また、界隈には三基の鳥居も残っているが、そのうちの一基の鳥居は改変がなされ、さらにもう一基の鳥居には〝天主教会〟と、キリスト教会の名が大きく掲げられている。

【MAP】
P172／H＋1

●宗教…キリスト教
●神…イエス・キリスト
●アクセス…台鉄「花蓮駅」より、自強號（特急）樹林行きに乗り、約15分の「新城駅」下車、北東へ徒歩約15分。

パワースポット

201

険しい崖道に現れるドーム型巨岩廟

蘇花観音石《スーホアグァンインシー》

Suhua Guanyinshi

宜蘭縣蘇花公路（指標147公里）

▲ドームの中に祀られる巨岩。トラックの運転手さんが信心深く参拝していた。

▲行き交う車の交通安全と、自然被害がないことを祈るドーム型廟。

▲奥に鎮座する観世音菩薩が描かれた巨岩が主神だが、その手前には道教の神々も鎮座している。

花蓮と宜蘭とを結ぶ唯一の道路・蘇花公路（省道9号線）。途中には景勝地として知られる清水断崖などもあり、連日観光客が訪れる路線である。他方、崖沿いの険しい道路で交通事故が多く、天変地異による被災も後が絶たない。こういったあらゆる事故、被災が起こらぬよう祈願するのがここ蘇花観音石である。

写真の通り、道路沿いに突如現れるドーム型廟。この中では一九九三年の道路の改修工事を行ってきた際に山から落ちてきた巨岩に、観世音菩薩を描き祀っている。またその手前には道教の神々も鎮座し、ここもまた仏教と道教が混在して祀られている。

取材時、複数のトラックが停車し、運転手さんたちは神々に深く頭を下げていた。この道を何度も通ることが仕事である彼らにとって極めて大切な守護神であることがよくわかる光景だった。

【MAP】

P173／C＋5

●宗教…仏教／道教
●神…巨岩、観世音菩薩
●アクセス…台鉄「花蓮駅」より、區間車（普通）宜蘭行きに乗り、約45分の「和平駅」下車。タクシーで北へ約20分。

パワースポット

202

“もう一回さん”を祀る日本人巡査

冬山《ドンシャン》日籍《リージー》土地公《トゥーディゴン》｜Dongshan Riji Tudigong｜

宜蘭縣冬山郷太和路591號

▲廟の内部。土地公としての主神・福徳正神と併せて小林巡査の小さな卒塔婆がある。

▲小さな村の小さな祠。地域では“小林さん廟”“もう一回さん廟”とも呼ばれている。

【MAP】

P173／C+3

●宗教…民間信仰／道教

●神…小林三武郎（御霊）、福徳正神

●アクセス…台鉄「宜蘭駅」より、區間車（普通）南澳行きに乗り、約25分の「冬山駅」下車。タクシーで南西へ約15分。

日本人元警察官を祀る小さな廟。日本統治時代、村人たちが収入源として家畜の種付けをしようとしたが、苦戦。不憫に思った小林三武郎さんという警察官が、村人たちのために規則を破り、役所の家畜を持ち出し貸したという。

うまく種付けができない村人たちに小林巡査は「もう一回！　もう一回！」と応援し続けたことから“もう一回さん”と呼ばれていたそうだ。

パワースポット

203

悲しい背景を持つ神社跡の公園

莎韻《シァユン》紀《ジ》念公園《ニィエンゴンユェン》｜Shayunjiniangongyuan｜

宜蘭縣南澳郷蘇花路2段1號

▲武塔莎韻（サヨン）公園として再建したが、南澳祠の鳥居はしっかり残っている。

▲“サヨンの鐘”が設置されているかつての南澳祠。このエピソードは1943年に『サヨンの鐘』という映画にもなった。

【MAP】

P173／C+4

●宗教…現在はなし

●神…現在はなし

●アクセス…台鉄「宜蘭駅」より、區間車（普通）花蓮行きに乗り、約45分の「武塔駅」下車、東へ徒歩約3分。

一九三八年、南澳の村人たちに慕われていた田北正記さんという警察官がいた。田北巡査が出征の際、当時十七歳だったサヨンという少女が彼を見送りに行ったが、帰り道に川の激流に飲み込まれ亡くなったという。

往時の台湾総督は愛国美談とし、彼女の地元でもあるここ南澳祠（南澳神社とも）に“サヨンの鐘”を設置したという。現在は公園となっているが、その鐘も鳥居も残っている。

パワースポット
204
多彩な恩恵があるスピリチュアル公園

悟元心霊生態園区《ウユエンシンリンションタイユエンチュ》
｜Wuyuan Xinling Shengtaiyuanqu｜
宜蘭縣三星郷大隱村大埔三路268巷16號

▲公園のシンボルになっている男根。拝むと子宝に恵まれると、特に人気のようだ。

▲霊的なモチーフを全部集めたような公園。道教、仏教、そして台湾特有の神々がモチーフと盛り沢山である。

【MAP】
P173／C＋3

●宗教…なし
●神…なし
●アクセス…台鉄「宜蘭駅」より、自強號（特急）花蓮行きに乗り、約8分の「羅東駅」下車。國光客運バス・1792番天送埤行きに乗り、約30分の「光明路」下車、北へ徒歩約15分。

台湾イチ葱が有名な町、宜蘭・三星エリアにある霊性公園。主に道教、仏教、儒教の神々をモチーフにしながら、水牛といった台湾特有の神のオブジェも点在している。

また、園内中央に鬱蒼とした木々に囲まれた一角がある。四方に人が一人通れるほどの空洞があり中を覗いてみると、男根が鎮座している。子宝に恵まれることから、公園のシンボルになっているようだ。

パワースポット
205
日本語が残る村のキリスト教会

寒溪耶穌聖心天主堂《ハンシーイエスウシァンシンティエンジュウタン》
｜Hanxi Yesushengxintianzhutang｜
宜蘭縣大同郷寒溪巷8號

▲原住民の紋様が随所に施された教会。つい長居をしてしまいそうな和やかな雰囲気だった。

▲拝殿の脇にはドラムセットが置かれている。

▲教会ではお年寄りにご飯を届けるサービスも行っているようだ。

【MAP】
P173／C＋3

●宗教…キリスト教
●神…イエス・キリスト
●アクセス…台鉄「羅東駅」より、國光客運バス・1795番寒溪行きに乗り、約1時間15分の「寒溪」下車、南西へ行き徒歩約4分。

寒溪エリアは日本語を語源とした〝宜蘭クレオール〟という言葉が今も使われている地域。その村の一角にあるのがここ寒溪耶穌聖心天主堂だ。

受付で日本人だと告げると、若い女の子が流暢な日本語で教会内を見学させてくれた。

台湾原住民文化とキリスト教が融合しており、拝殿にはドラムセットが置かれていた。原住民らしく賑やかで楽しそうな教会だった。

▲元寶を右手に持ち、微笑みながら鎮座する福徳正神像。

▲風水によって現在の位置に建てられた銅製の福徳正神は宜蘭・五結のシンボルとなっている。

パワースポット
206

宜蘭のシンボルの土地公廟

四結福徳廟《スージエフゥドアミィアォ》 ｜Sijie Fudemiao｜

宜蘭縣五結郷上四村福德路68號

【MAP】P173／C+3

●**宗教**…道教
●**神**…福徳正神ほか
●**アクセス**…台鉄「宜蘭駅」より、國光客運バス・1766番南方澳行き、または紅2番に乗り、約35分の「石油公司（興中國中）」下車、西へ徒歩約5分。

宜蘭・五結（旧四結）エリアにある土地公廟。巨大な福徳正神は町のシンボルとして地元ではよく知られている。

一八七五年の創建当初は、東西に向いて福徳正神が鎮座していたようだが、後に風水によって方角が違うことが判明。一九九〇年に、現在の位置に正されたようだ。

ローカルな廟だが、廟内には芸術的評価のある石像、彫刻も数多く展示されている。

パワースポット
207

疫病から救った神が鎮座する

三聖尊王慶安宮《サンシャンズンワンチンアンゴン》 ｜Sanshengzunwangqingar gong｜

宜蘭縣羅東鎮中正南路175號

日本統治時代は皇民化運動の影響で神像が破壊されたこともあったようだが、一九三六年に再建し、以来羅東の守護神として親しまれている廟。

主神は開臺聖王、齊天大聖、開漳聖王。疫病が流行った際には、これらの神々が人々を救ったという伝説がある。

【MAP】P173／C+3

●**宗教**…道教　●**神**…三聖尊王ほか
●**アクセス**…台鉄「羅東駅」より、國光客運バス・1792番に乗り、「成功派出所」下車、東へ徒歩約6分。

パワースポット
208

病院にある中華系キリスト教会

聖母医院耶穌聖心堂《シァンムゥイーユェンイエスウシァンシータン》 ｜Shenmuyiyuan Yesushengxintang｜

宜蘭縣羅東鎮中正南路160號

羅東のキリスト教病院の一角にある一九五二年創建の円形教堂。

礼拝堂のステンドグラスや石像などは全てイタリア製のようだが、建築そのものは中華様式を取り入れたもの。配色や装飾なども、どことなく仏教、道教の影響が感じられる。

【MAP】P173／C+3

●**宗教**…キリスト教　●**神**…イエス・キリスト
●**アクセス**…台鉄「羅東駅」より、國光客運バス・1766番南方澳行きに乗り、約9分の「聖母醫院」下車すぐ。

パワースポット

209

仏教テレビ局が運営する道場

大悲観音道場《ダーベイグァンインダオチャン》 ─ Dabeiguanyindaochang ─

宜蘭縣三星郷三星路二段20號

台湾の仏教系テレビ局・生命電子台が運営する仏教道場。同局では僧侶の修行の様子や説法を常時放映しているが、それらはここで制作され発信されている。

大悲観音を筆頭に様々な神像が鎮座するが、施設の一角には道教の福徳正神も祀られている。

【MAP】P173／C＋3

●**宗教**…仏教　●**神**…観世音菩薩、釈迦ほか
●**アクセス**…台鉄「羅東駅」より、國光客運バス・1792番天送埤行きに乗り、約35分の「玉尊宮」下車すぐ。

パワースポット

210

台風避け構造の半楕円聖殿

冬山天照宮《ドンシャンティェンジャオゴン》 ─ Dongshan Tianzhaogong ─

宜蘭縣冬山郷太和村冬山路二段75號

宜蘭・冬山エリアで最も有名な廟。一九一四年創建で、福徳正神をはじめとする道教の神々と、観世音菩薩などの仏教の神々が鎮座している。

聖殿外部の半楕円のような構造が珍しいが、これは地域に多い台風などの被害を避けるために考案されたもの。

【MAP】P173／C＋3

●**宗教**…仏教／道教　●**神**…観世音菩薩、福徳正神ほか
●**アクセス**…台鉄「羅東駅」より、國光客運バス・1766番南方澳行きに乗り、「生態綠舟」下車、南へ徒歩約3分。

パワースポット

211

散策も楽しい孔子廟

羅東孔子廟《ルゥオドンコンズーミィアオ》 ─ Luodong Longzimiao ─

宜蘭縣羅東鎮漢民里北成路一段28號

▲緑豊かな入口付近。庭園はさほど広くないものの、落ち着いた静けさがあり、散策にも最適である。

【MAP】P173／C＋3

●**宗教**…儒教
●**神**…孔子
●**アクセス**…台鉄「羅東駅」より、國光客運バス・1792番天送埤行きに乗り、約10分の「維揚路」下車、北へ徒歩約6分。

▲本殿正面に建つ孔子像。この手前が散策できる庭園となっている。

前身は一八六二年創建の文宗社という廟で、二度の移転をし、ここ羅東の民里北成路に建ったという孔子廟。羅東エリアでは古くから学び、読書の場としても提供されてきた場所である。

本殿正面に学問の神・孔子の石像が鎮座しているが、その周りは実に手入れが行き届いた公園となっている。緑豊かで池もあり、散策コースとしても楽しめるはず。

パワースポット
212

抗日オブジェがある神社跡の忠烈祠

宜蘭縣忠烈祠《イーランシエンツォンリィエツー》（宜蘭神社遺跡《イーランシェンショァイージー》）
｜Yilan Zianzhonglieci（Yilanshenshe Yiji）｜

宜蘭縣員山郷復興路125巻10弄1號

▲本殿へと向かう石段。鳥居は忠烈祠仕様に改変されている。

▲かつて宜蘭神社の本殿があった場所には、国民党軍の英霊を祀る忠烈祠がある。

▲抗日オブジェ。日本統治時代の象徴である神社を破壊する表現がなされている。

神社跡が忠烈祠に改変された例は、非常に多いが、中でも神社時代の痕跡を極力排除し、さらには日本統治時代を全否定するようなオブジェまで展示されているのがここ宜蘭・員山公園および宜蘭縣忠烈祠である。

宜蘭市内にあった宜蘭神社が一九一九年にここ員山に移り、日本統治時代は天照皇大神、大国魂命、大己貴命、少彦名命などの五神を祀っていたという。戦後取り壊され、他地域の神社と同様に忠烈祠となったようだ。

神社の痕跡もあるにはあるが、やはり本殿へ向かう石段脇にあるオブジェのほうが、衝撃的で目に焼き付く。崩れた鳥居や神社の石柱などが地面に埋もれており、その背後には国民党軍の戦車が飾られている。つまり国民党軍が日本を追い払ったという意味だが、台湾の複雑な歴史を物語るオブジェである。

【MAP】
P173／C＋3

- 宗教…なし
- 神…鄭成功、英霊ほか
- アクセス…台鉄「宜蘭駅」より、國光客運バス・1785番州頭行きに乗り、約20分の「員山公園」下車、北西へ行き、徒歩約3分。

パワースポット

213

イタリアの司祭が建てた教会

北成天主堂《ペイチァンティェンジュウタン》｜Beicheng Tianzhutang｜

宜蘭縣羅東鎮北成路一段20號

▲高天井が心地良い礼拝堂。天井絵には中華紋様が施されている。

▲直線が印象的なゴシック様式の外観。宜蘭県の古跡にも登録されている。

【MAP】

P173／C＋3

●宗教…キリスト教
●神…イエス・キリスト
●アクセス…台鉄「羅東駅」より、國光客運バス・1750番太平山行きに乗り、約9分の「維揚路」下車、北へ徒歩約6分。

一九五七年にイタリアの司祭によって創建されたキリスト教会。外観に中華的な要素は少なく、当時としては極めて稀なゴシック建築の教会として珍しがられたという。

ただし、礼拝堂内は多くの装飾にイタリア製のガラス、像などが用いられながらも、天井などには中華紋様がある。また香炉などもあるので、道教の慣習も混在していると言って良いだろう。

パワースポット

214

台湾では珍しいドームアーチ教会

頭城天主堂《トウチァンティェンジュウタン》｜Toucheng Tianzhutang｜

宜蘭縣頭城鎮開蘭東路1號36號

▲オランダ人司祭が、親戚からの資金援助を受けて建てたというドームアーチ型の礼拝堂。

▲外見もインパクト十分だが、創建当時、近隣に高層建築はなく、この教会が最も高かったという。

【MAP】

P173／D＋2

●宗教…キリスト教
●神…イエス・キリスト
●アクセス…台鉄「宜蘭駅」より、自強號（特急）樹林行きに乗り、約20分の「頭城駅」下車、南へ徒歩約7分。

宜蘭北部の頭城エリアにある一九六〇年創建のキリスト教会。台湾のキリスト教会の中には、円形を象るところが珍しくないが、ここは完全なドームアーチ型の構造だ。

同教会のシスターが長きにわたって共働きの親の子どもたちや、お年寄りなどのケアを行い、地元での信頼が極めて厚いという。これらから現在は教会運営の幼稚園や老人ホームも運営している。

▲宮殿のような豪華な装飾を持つ宜蘭外澳接天廟。

▲神殿。主神・玄天上帝をはじめ、様々な参拝に対応できるよう数多くの神々が祀られている。

パワースポット

215

山と海に挟まれた巨大聖殿

宜蘭外澳接天廟《イーランワイアオジエティエンミィオ》 ― Yilanwaiao Jietianmiao ―

宜蘭縣頭城鎮外澳里濱海路二段1巷21號

【MAP】

P173／D＋2

●**宗教**…道教

●**神**…玄天上帝ほか

●**アクセス**…台鉄「宜蘭駅」より、區間車（普通）樹林行きに乗り、約20分の「外澳駅」下車、南西へ徒歩約15分。

山と海に囲まれた宜蘭・頭城の外澳エリアにそびえる巨大聖殿。一八二二年創建で主神は玄天上帝。この他、一九九〇年以降は中国福建省から贈られた神像の他、実に多くの神々が鎮座している。また、隣接する石空金殿接天廟は、真武大帝を祀る珍しい石型廟で一見の価値ありだ。

立地的な利便性も手伝い、地元からだけでなく老若男女多くの参拝者が訪れるようだ。

▲聖人のようだった鹿が神格化され、その像が鎮座している。

▲歴史ある廟だが、美観も保っている。

パワースポット

216

鹿の善行を今日に伝える

長興廟《チャンシンミィオ》 ― Changxinmiao ―

宜蘭縣礁溪郷時潮村大温路47之3號

【MAP】

P173／C＋2

●**宗教**…道教

●**神**…輔順将軍ほか

●**アクセス**…台鉄「宜蘭駅」より、區間車（普通）樹林行きに乗り、約7分の「礁溪駅」下車。葛瑪蘭客運バス・113番塭底路行きに乗り、約40分の「長興廟」下車すぐ。

宜蘭・礁溪エリアにかつて幽霊がよく出没したようで、鎮魂を込め一九一二年に創建されたのがここ長興廟。主神は〝鎮魂の神〟輔順将軍だが、特筆すべきは長興廟特有の鹿の神である。

かつてこの廟には野性の鹿が暮らしていたという。この鹿は自ら神殿から離れて排泄をし、供物にも手を出さず、まるで聖人のような鹿だったという。その善行から神格化され、今も廟の一角に神像が鎮座している。

レンタカーのすすめ

▲レンタカーズ・ドット・コムでは、桃園空港でレンタカーを借りられる表記があるが、実際には空港で業者との待ち合わせが大半。その後、近隣の営業所まで連れていってもらい、車を借りるシステムである。

自走ならどこへでも

本書では各スポットに公共交通でのアクセス情報を載せているが、極めて交通網が乏しい地域の聖殿も数多くある。このため、自動車の運転に自信のある方なら是非レンタカーを使っての参拝をお勧めしたい。

実際、本書で紹介した二百箇所以上は全てレンタカーで巡り、通算わずか一ヶ月ほどの滞在で巡ることができた。一日平均七箇所以上を巡った計算だが、公共交通だけの場合は、この何倍もの時間がかかると思う。ここでは、日本人旅行者にとってまだ一般的ではない、台湾でのレンタカー利用術を紹介したい。

台湾での運転の前に

通常、諸外国で日本人が自動車の運転をする場合、国際運転免許証が必要な場合が多いが、台湾はジュネーブ条約に加盟していないため、国際運転免許証が通用しない。台湾での自動車の運転には、独自の書類が必要で、現地でレンタカーを借りる際にも提出が求められる。必要なものは以下の三つだ。

①パスポート
②日本国内での運転免許証
③運転免許中国語翻訳文
④クレジットカード

このうち、「運転免許中国語翻訳文」は、日本国内のＪＡＦ（一般社団法人日本自動車連盟）で発行してくれる。ただし、繁忙期には一週間以上かかることもあるようなので、申請は余裕をもって行いたい。

また、滞在中に運転の必要に迫られた場合は、台北か高雄の日本台湾交流協会でも発行してくれるので、問い合わせてみると良いだろう。

また、クレジットカードは、レンタカーを借りる際、後述する交通違反などのデポジットに必要なので持参する。

■レンタカーの予約

台湾の各レンタカー会社に、直接出向いて借りられることもあるが、事前予約が一般的だ。

最も便利な予約方法は、レンタカーズ・ドット・コム（www.rentalcars.com）だろう。日時、ピックアップ地などを日本語で指定できる他、レンタカーのタイプ、業者の料金比較なども詳細に行うことができる。

ただし、システム上、オプション付加などには問題もあるようだ。特に保険の「フルプロテクション」は、レンタカーズ・ドット・コム独自のもので、現地レンタカー会社で同様の保険に二重に入らされることもあり、トラブルも報告されている。

ちなみに筆者が同サイトを利用する際は、実車予約のみとし、「フルプロテクション」は付けない。保険やオプションなどの手続きは現地のレンタカー会社の営業所で直接手続きを行う。

台湾のレンタカー会社は、複数あるが、単に価格が安いことだけでなく台湾全土を巡る場合は万一のトラブルのことを考え、各地に営業所を持つ業者を選ぶほうが良いだろう。

また、ピックアップした営業所と、返却する営業所を変更することもできる。地方部を巡った後、帰りの空港の営業所でレンタカーを返却し、その足のまま飛行機に乗り帰国することもできる。特に荷物が多かったり、複数の人数で移動している場合はとても便利である。

■ピックアップ

必要書類を整え、レンタカーの予約も済んだら、現地到着後あらかじめ予約したレンタカー会社の営業所に、直接ピックアップに出向く。

日本のレンタカー同様、借りる際には車両の状態（傷やへこみ）を係の人と一緒にチェックする。少しでも気になる傷があれば、臆することなく指摘するようにしたい。

また、借りる際のガソリンの量もしっかり確認したい。台湾のレンタカーは「借りた際のガソリン量と同じ状態での返却」が基本。傷などのチェックと併せて、ガソリンの量も書類に書き込まれるので、係の人と一緒にチェックし、双方合意の上で書類を作成してもらうようにしたい。

さらにほぼ各業者とも無料でカーナビも貸してくれるので、付けてもらうようにしたい。これは前述の予約時に指定しておくこともできるが、現地で申し出るほうが確実だ。ちなみに“カーナビゲーション”という言い方は一般的ではなく“GPS”と言わないと通じない。

台湾のGPS（カーナビ）は基本的には中文か英語仕様だが、日本語や筆記での案内設定ができるものもある。日本のものに慣れた筆者にはやや使いづらく感じるが、スマートフォンと併せて二つあると、より確実に目的地にたどり着ける。

■返却

あらかじめ指定した日時に、レンタカー会社の営業所に自動車を返却するが、この際、返却時刻よりも早い時間での返却の場合、多少の値引きをしてくれる業者もある。一方、遅延した場合は、当然のことながら必ず遅延料金を取られる。台湾の交通事情に不慣れな日本人にとっては道に迷ったり、思わぬ渋滞に巻き込まれることもあるので、余裕を持って到着するようにしたい。

なお、返却の際、ピックアップ時同様に車両の状態を係の人

▼台湾のカーナビ（GPS）。吸盤で取り付けるタイプが多いが、これがクセモノ。粘着が弱く振動ですぐポロンと取れるので運転中は特に要注意。

とチェックする。書類に書かれた傷以外の損傷がないかを見て、何もなければそのまま。損傷があれば、修理にかかる金額などをクレジットカードで弁済することになる。

■運転の注意点

これを書き始めると、一冊の本ができるほどだが、最低限の運転の注意点をここで紹介する。

①ガソリンの種類

ガソリンは、中文で〝加油〟と言い、ガソリンスタンドは〝加油站〟と言う。種類は98＝ハイオク、95＝欧米基準のレギュラー、92＝レギュラー、柴油＝ディーゼルがあるが、レンタカー会社からは「95を入れること」と指定があるので、きちんと守って入れるようにしたい。

②台湾の交通ルールと運転習慣

日本と違うのは「右側通行」、「信号で右左折の青のサインが出ていなくても、進行方向が青であれば、右左折方向の交差点まで進まないと怒られる」くらいでさほど大差はない。

ただし、台湾特有の交通意識・慣習などはある。自動車、バイクともに急な割り込みや追い抜きが多いため、右左折や車線変更の際は死角をしっかり目視し、慎重に行うようにしたい。

③台湾の駐車場

台湾の駐車場は日本とほぼ同じで利用法に困ることはあまりないが、最近はナンバー自動識別式の駐車場も増えている。チケットやコインなどがなく退出時に支払機に自分の自動車のナンバーを打ち込み、支払う仕組み。慣れないと戸惑うが、台湾人の真似をして支払うと良い。

さらに、都心部には、国が管轄する路上パーキングもある。駐車した後、定期的に巡回する監視員がワイパーなどに伝票を挟んでいく。利用後、その伝票を持ってコンビニなどに行き、指定の金額を払う仕組みだ。

④台湾の一般道

台湾で最も運転が難しいのが都心部だ。自動車、バイクともに交通量が多いことと、一本、道を間違えると、かなり遠回りしないと戻れないこともある。道に迷うことを想定して、余裕を持った移動を心がけて欲しい。

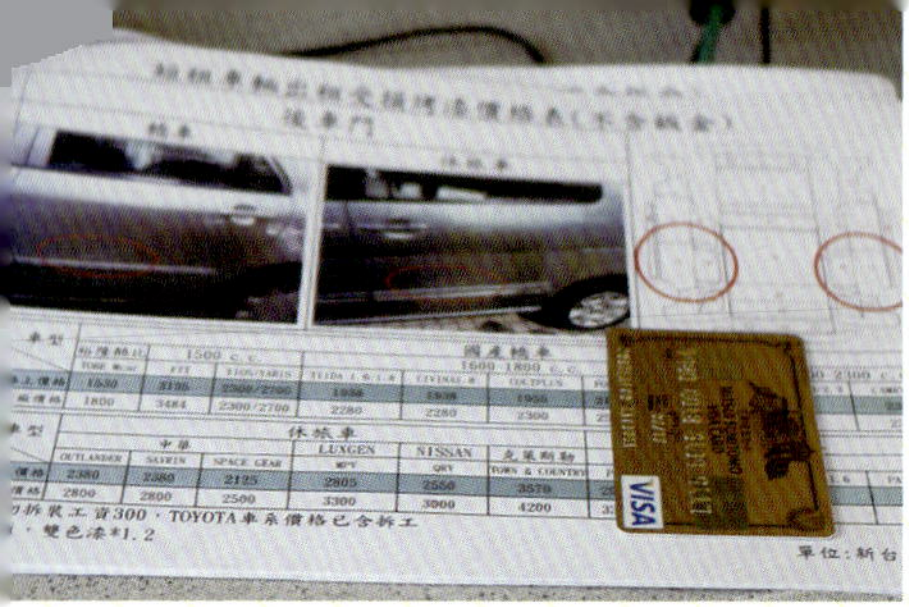

▲筆者がちまき屋さんの看板に車をぶつけて、ドアを凹ませてしまった際の書類。修理費用の大半は保険でまかなえたが、一部をクレジットカードで支払った。

▲ガソリンの種類。レンタカー業者の指定の大半が「95＝欧米基準のレギュラー」である。

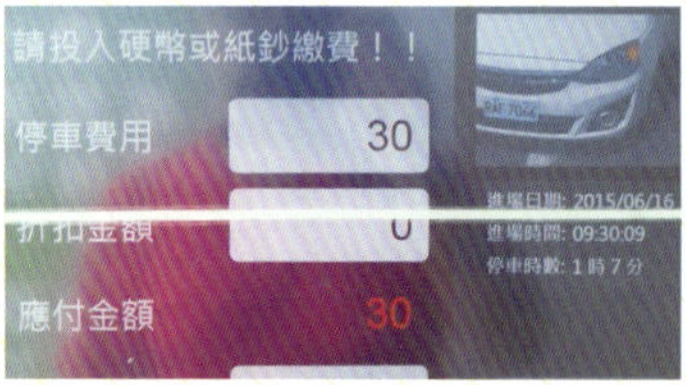

▲ナンバー自動識別式の駐車場では、アルファベットと数字で配列された自分の車のナンバーを打ち込み、代金を払う仕組み。

▲路上パーキング。このように係員が定期的にやって来て、ワイパーに支払い用の伝票を挟んでいく。

⑤台湾の山道

台湾の山道はカーブが続くことが多く、対向車線をまたいでの追い抜きがよくあるため一般道以上の安全運転を心がけたい。また、天変地異の影響も受けやすい台湾なので、道路自体がなくなっていたり、壊れた道路の工事のため、朝夕の限られた時間しか通ることができなくなる場合がある。

山道を運転する場合は、インターネットや宿泊先の人などに現況を聞いてから行程を組むのが賢明だ。

▼道路工事の現場にいる警備マネキン。腕が緩やかに上下し、警備の旗を振る電動式だ。このマネキンを見たら「道路工事をしているのだな」と判断して欲しい。

▲山岳地などでよくある工事による道路閉鎖。写真は十分程度の閉鎖だが、場合によっては一日に二回しか開かない場合もあるため、山岳地に出向く際は、必ず現況を確認したい。

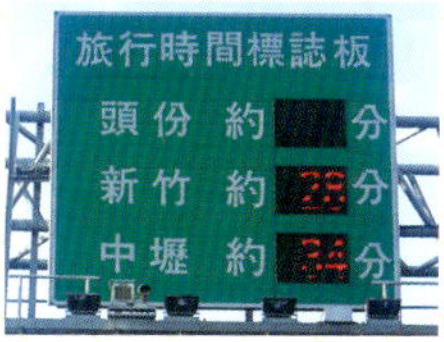

▲高速道路にある、目的地までの所要時間を表す電光掲示板。分数の刻みが細かいが、肝心の電光そのものが壊れている場合もある。

⑥台湾の高速道路

特に台湾北部から西側は高速道路が充実しており実に便利。さらに、台湾では車検を受けた全ての車両に衛星ETCが付けられているため、高速道路には料金所がない。高速道路の利用料金はレンタカーを返却する際、まとめて支払う仕組みである。どういうわけかこの際の決済は現金でないと受け付けてくれないので、返却時に数千元の現金を持っておきたい。

また、かなり充実している台湾の高速道路だが、特に休日は渋滞することもある。余裕をもって移動するようにしたい。

⑦台湾での交通違反

台湾は飲酒運転に対しての罰則が厳しく、日中であっても抜き打ちで飲酒検査をすることがある。飲酒運転は絶対にしないようにして欲しい。

また、台湾は日本と比べ物にならないほど、オービス（自動速度違反取り締まり装置）が多い。主要道路の中には、信号ごとにオービスが設置されているところもある。たとえ見通しの良い道路であっても、法定速度は必ず守るようにしたい。

なお、速度オーバーの場合は、後日レンタカー会社に違反キップと証拠写真が届く。前述のデポジットのためのクレジットカードから自動引き落としされる仕組みだ。

⑧万一の事故の際は

台湾での万一の事故の際は人命救助を最優先に行動し、車両をなるべく動かさず、119番（救急）、110番（警察）などに連絡し、その後借りているレンタカー会社にも必ず連絡すること。冷静な判断で行動して欲しい。

▲無数にあるオービス。法定速度は必ず守ること。

▼本書取材中にやってしまった速度違反のキップ。

臺中市政府警察局
舉發違反道路交通管理事件通知單

参考文献／WEBサイト

A『寄生之廟』賴伯威（台湾・野人）
B『台灣多奇廟』楊逢元（台湾・時報出版）
C『現代台湾宗教の諸相　台湾漢族に関する文化人類額的研究』五十嵐真子（人文書院）
D『台灣三十三観音巡拝』東海亮道（編）　陳水源・黄櫻楚（監修）野川博之（著）（朱鷹書房）

C

A

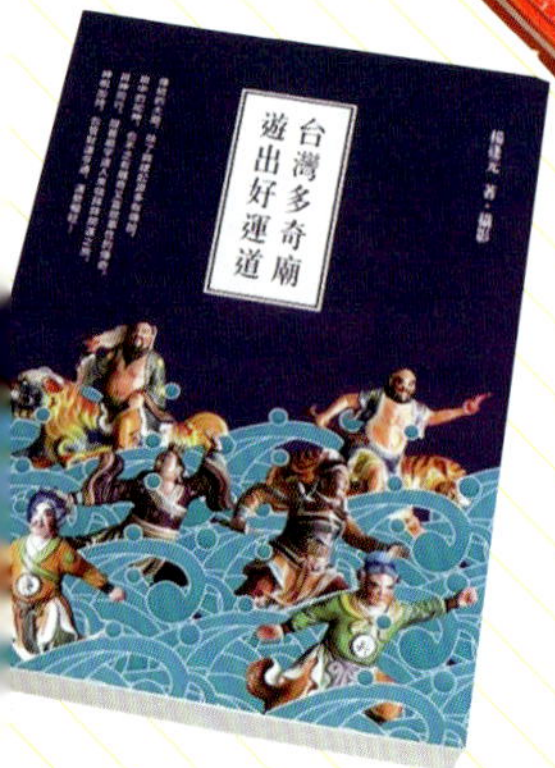

B

台湾の宗教事情は実に複雑で本書制作にあたっては一般的な〝参考文献〟以上に参考にさせていただいたいくつかの本、WEBサイトがあった。ここで紹介したいと思う。

Aの『寄生之廟』は、台湾の建築家・賴伯威さんによる、台湾で出版された本。地域にとけ込むように建つ無名の廟ばかりを集めた本でかなり驚かされた。筆者もこの本で紹介されたいくつかの廟を巡り、本書で紹介させてもらっている。

Bの『台灣多奇廟』は、楊逢元さんという著者が解説する台湾の特徴的な廟を紹介したもの。〝台湾は変わった廟が多い〟というタイトル通り、個性的な廟と神々が紹介されている。こちらも台湾での出版だ。

Cの『現代台湾宗教の様相』は、五十嵐真子さんによるもので、台湾の宗教を掘り下げ、どんな慣習や儀式があるかまでを詳細にレポートした貴重な資料集。ハイレベルな本ではあるが、台湾の宗教に興味を持つ人にとっては重要な本である。

Dの『台灣三十三観音巡拝』は、台湾各地の大小の観音像ばかりを巡拝し紹介したもの。紀行のような筆致で、仏教の門外漢の筆者も楽しく学ぶことができた。

Eの『台湾に渡った日本の神々』は、金子展也さんによる、台湾の神社および神社跡を詳細に紹介した本。読み応え、資料性ともに充実していることに加え、金子さんがすべて足で取材をしたことを考えると、命がけで作られたようにも感じる貴重

WEBサイト

道教廟の世界
https://miao.xuan-tong.com/

**徒歩進香〔巡礼〕
ハマるぞ台湾！道教文化**
https://balbaltan.hateblo.jp

**台湾に渡った日本の神々
今なお残る神社の遺跡**
https://blog.goo.ne.jp/jinjya_taiwan

**台湾 歴史と温泉の
旅アドバイザー
大谷の放浪記。**
http://daiyatrip.work/

**珍寺大道場
by 小嶋独観**
http://chindera.com

**台湾特捜百貨店
〜片倉佳史の台湾体験〜**
http://katakura.net/

台灣多奇廟
https://blog.xuite.net/next.media/wretch

**Taiwan Temple
台灣寺廟網**
https://taiwantemple.weebly.com/

台湾宗教百景
https://www.taiwangods.com

台湾観光局
https://jp.taiwan.net.tw/

E『台湾に渡った日本の神々』金子展也（潮書房光人新社）
F『道教の本』（学研）
G『儒教・仏教・道教　東アジアの思想空間』菊地章太（講談社）
H『台北・歴史建築探訪 日本が遺した建築遺産を歩く』片倉佳史（ウェッジ）

な一冊である。

Fの『道教の本』は、一九九二年刊行のムックで、多くの図版を交えながら道教を詳しく紹介した本。現在は絶版だが、古書店で数百円で買えるので興味がある人は手に取って欲しい。

Gの『儒教・仏教・道教　東アジアの思想空間』は菊池章太さんによる本。各宗教の本質に迫り、思想や考え方を、著者が言うところの〝ごたまぜ〟に紹介した本。コラムのように読みやすい。

Hの『台北・歴史建築探訪 日本が遺した建築遺産を歩く』は、台湾ライターの片倉佳史さんが十五年かけて撮り歩いた台湾の歴史建築を集めたビジュアル本。歴史建築の中には廟や寺院もあり、写真の美しさと併せて、各所の詳細も有り難い。

この他、上のWEBサイトも本書制作において参考にさせていただいた。WEBサイトのほうは直接ご覧いただきたいが、貴重な情報ばかりで、これらがなければ本書はできなかった。改めて深くお礼を申し上げたい。

おわりに

本書は、普通のガイドブックでは紹介しにくい台湾のパワースポットばかりを紹介するというテーマだったが、もう一つ、筆者の裏テーマとして「台湾の、わからないところを探る」というものがあった。幾度となく台湾に行っているが、どうしても理解しがたい台湾人特有の慣習や感覚に、いまだに直面することがあるからである。きっと台湾人が信仰する宗教、神々、聖殿を巡り理解を深めれば、少しはその「わからない」が解決できるかもしれないと思いながら各スポットを巡拝した。

しかし、二百以上の聖殿を巡り、さらにその出自や成り立ちを調べてみると、ますますわからないことが増えたような気がする。この「わからない」がどんどん増え、まるで恋愛のように台湾にハマっていく旅行者は多いと思う。

かくいう筆者も、本書の編集、執筆をしている間も「台湾に行って確認したい」「台湾中を巡りたい」という“台湾禁断症状”のようなものがムクムクと沸き上がり、仕事場にこもって台湾に行けないことを我慢するのが辛かった。今これを書いていても、頭の中はやっぱり台湾だ。台湾はヤメられない、止まらないのである。

本書の後書きなのに制作を振り返る有意義なことを書けず恐縮だが、さらに台湾を深堀りし、その魅力や楽しさ、そして「わからない」ことを読者の方々と共有できるような一冊を近いうちにまた作ることができればいいなと思っている。

二〇一九年九月　松田義人

インデックスマップ

本書で紹介した多くの聖殿の中には、公共交通を使ってのアクセスが極めて難しい場所もある。また、旅行者の限られた時間では、各地を極力効率良く巡ることは必須だ。ここでは、各地がどのエリアにあり、どのような行程で回るのが効率的かの目安となるインデックスマップをここで紹介する。

これはあくまでも位置関係を知るためもので、これを使っての各地へのアクセスは、ザックリ過ぎてできないが、詳細な地図が必要な方のために、スマートフォンで読み込み、Chrome、Google Mapsに連動させるQRコードを用意している。Google Maps上では、各聖殿にピンが立っているので、是非活用して欲しい。

ご存知の通り、Google Mapsはストリートビューもできるので、各聖殿の外観などを見て楽しむのも良いと思う。次の台湾旅行の際に活用していただければ幸いである。

■本地図および GoogleMaps の位置情報は 2019年9月時点のものです。
■オンラインで地図をご利用の際には、通信各社の通信料がかかります。
■ご使用の端末のバージョンによっては QR コードからスムーズに地図が表示されない場合もあります。
■オンラインサービスは、予告なく内容を変更することや終了することがあります。
■本地図は Open Database License によるオープンストリートマップ（©Open StreetMap contributors）のデータを元に加工しています。

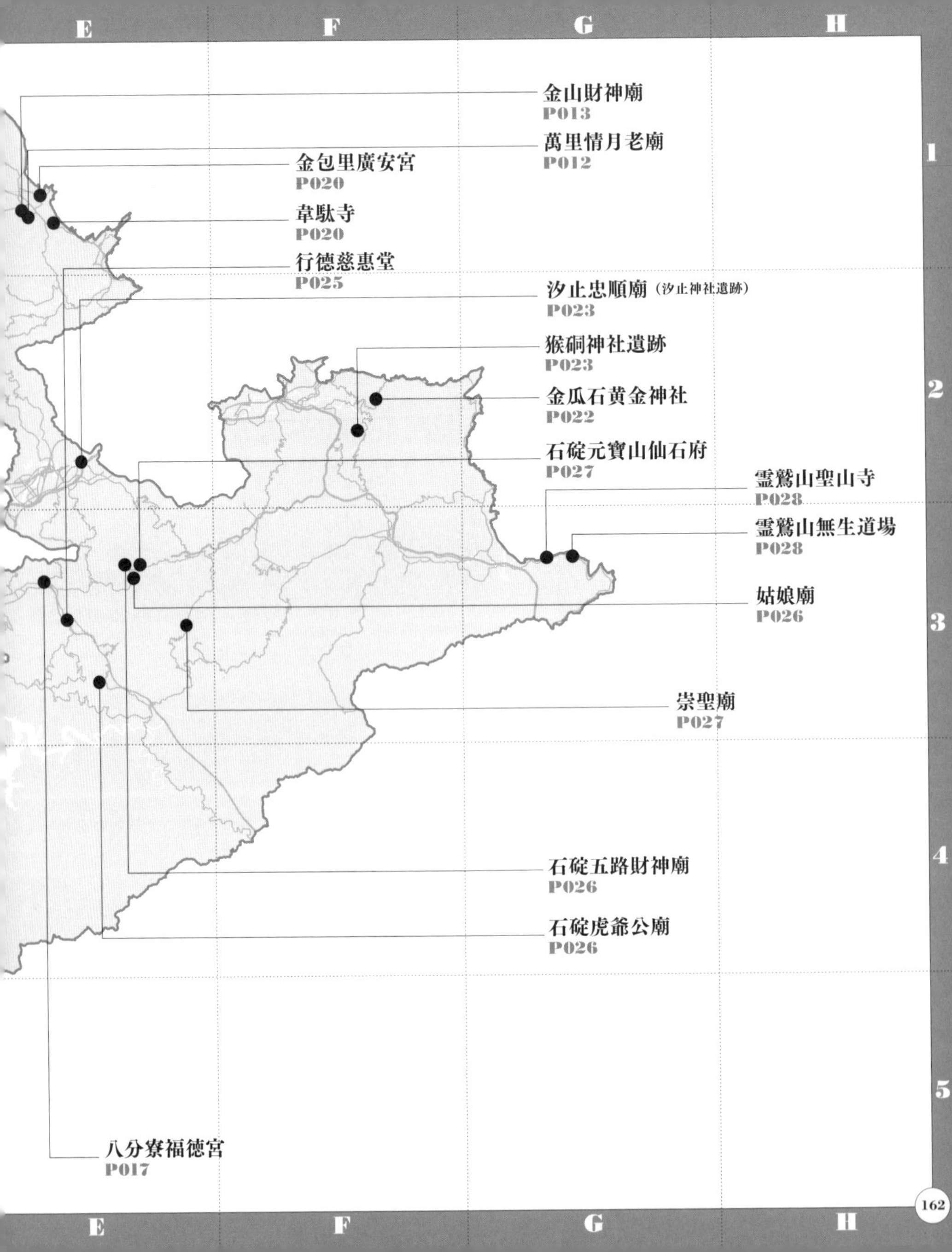

E
F
G
H
1
2
3
4
5
金山財神廟
P013
萬里情月老廟
P012
金包里廣安宮
P020
韋馱寺
P020
行德慈惠堂
P025
汐止忠順廟（汐止神社遺跡）
P023
猴硐神社遺跡
P023
金瓜石黄金神社
P022
石碇元寶山仙石府
P027
霊鷲山聖山寺
P028
霊鷲山無生道場
P028
姑娘廟
P026
崇聖廟
P027
石碇五路財神廟
P026
石碇虎爺公廟
P026
八分寮福德宮
P017

新北

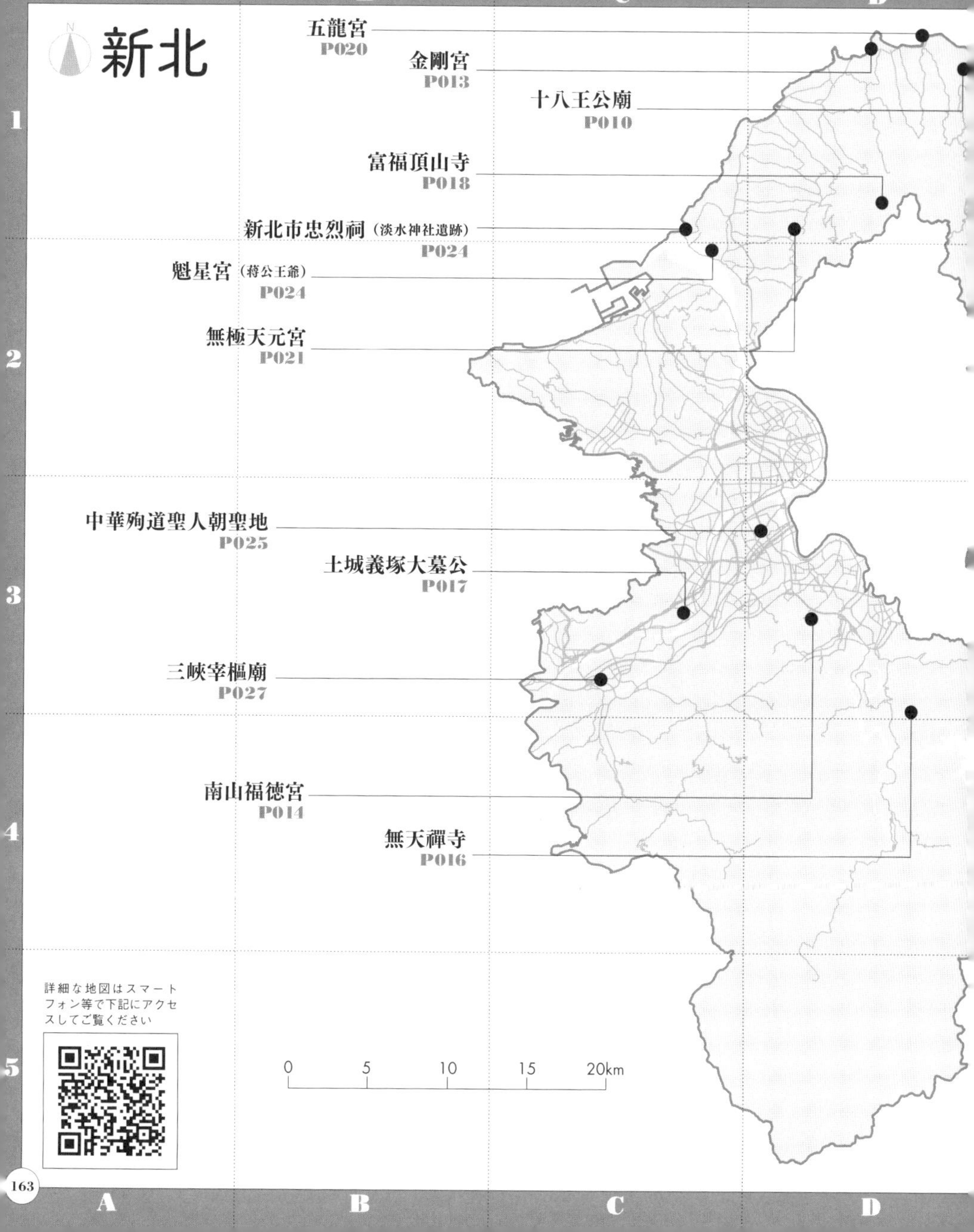

詳細な地図はスマートフォン等で下記にアクセスしてご覧ください

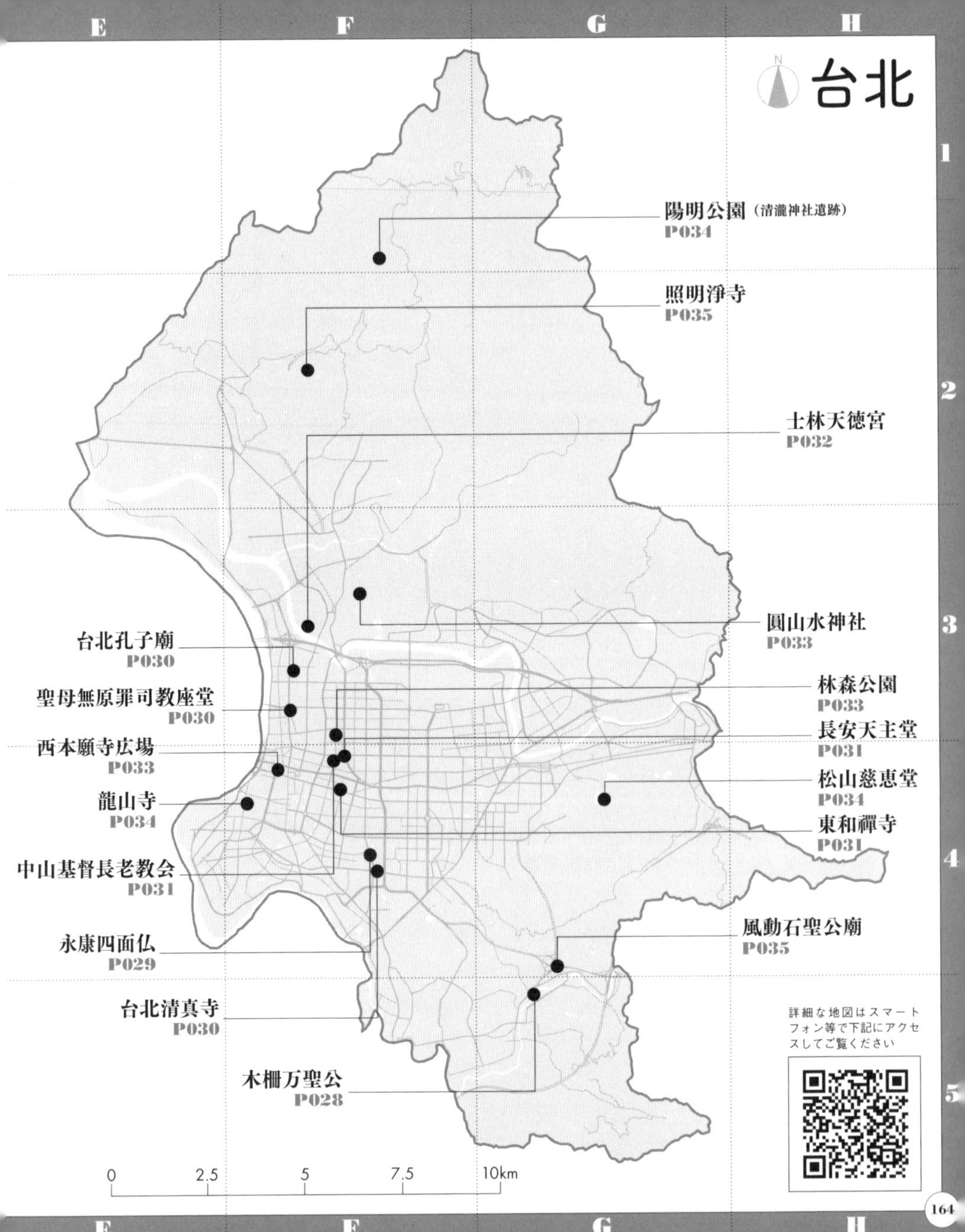
台北
N
陽明公園（清瀧神社遺跡）
P034
照明浄寺
P035
士林天徳宮
P032
圓山水神社
P033
台北孔子廟
P030
聖母無原罪司教座堂
P030
林森公園
P033
長安天主堂
P031
西本願寺広場
P033
松山慈恵堂
P034
龍山寺
P034
東和禪寺
P031
中山基督長老教会
P031
風動石聖公廟
P035
永康四面仏
P029
台北清真寺
P030
木柵万聖公
P028
詳細な地図はスマートフォン等で下記にアクセスしてご覧ください
0
2.5
5
7.5
10km
E
F
G
H
1
2
3
4
5

基隆

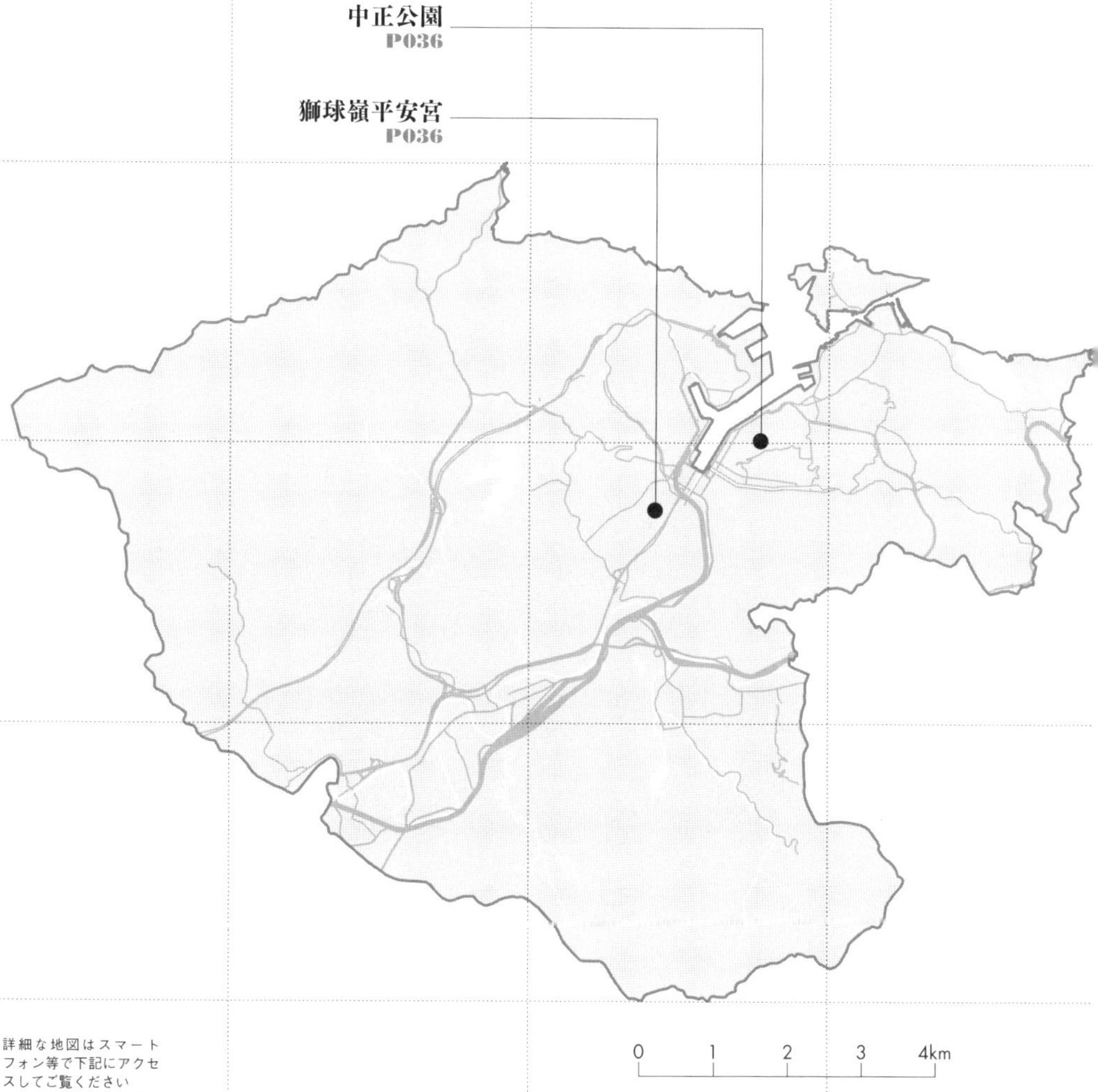

詳細な地図はスマートフォン等で下記にアクセスしてご覧ください

桃園・新竹・苗栗

E F G H
1 2 3 4 5
0 5 10 15 20km
詳細な地図はスマートフォン等で下記にアクセスしてご覧ください
新屋天后宮 P046
八路武財神廟 P047
古奇峰普天宮関帝廟 P047
三福宮八方財神土地総廟 P046
新屋長祥宮 P046
新竹長和宮＋水仙宮 P049
新竹都城隍廟 P048
天主教北大教堂 P052
桃園威天宮 P047
竹蓮寺 P049
慈湖紀念
雕塑公園 P044
竹南大埔福龍宮 P054
慶豊宮 P042
竹南后厝龍鳳宮 P055
竹南五穀宮 P055
関西
潮音禅寺 P049
苗栗稲荷神社
遺跡 P056
通霄神社 P056
玖龍宮 P052
五指山玉皇宮
七仙女亭 P051
五指山受北宮
五路金財神 P051
獅頭山勧化堂 P054
峨眉弥勒大道
大自然文化世界 P050
慈雲寺 P057
水頭福徳祠 P053
久霊祠 P052
N

台中・彰化・雲林

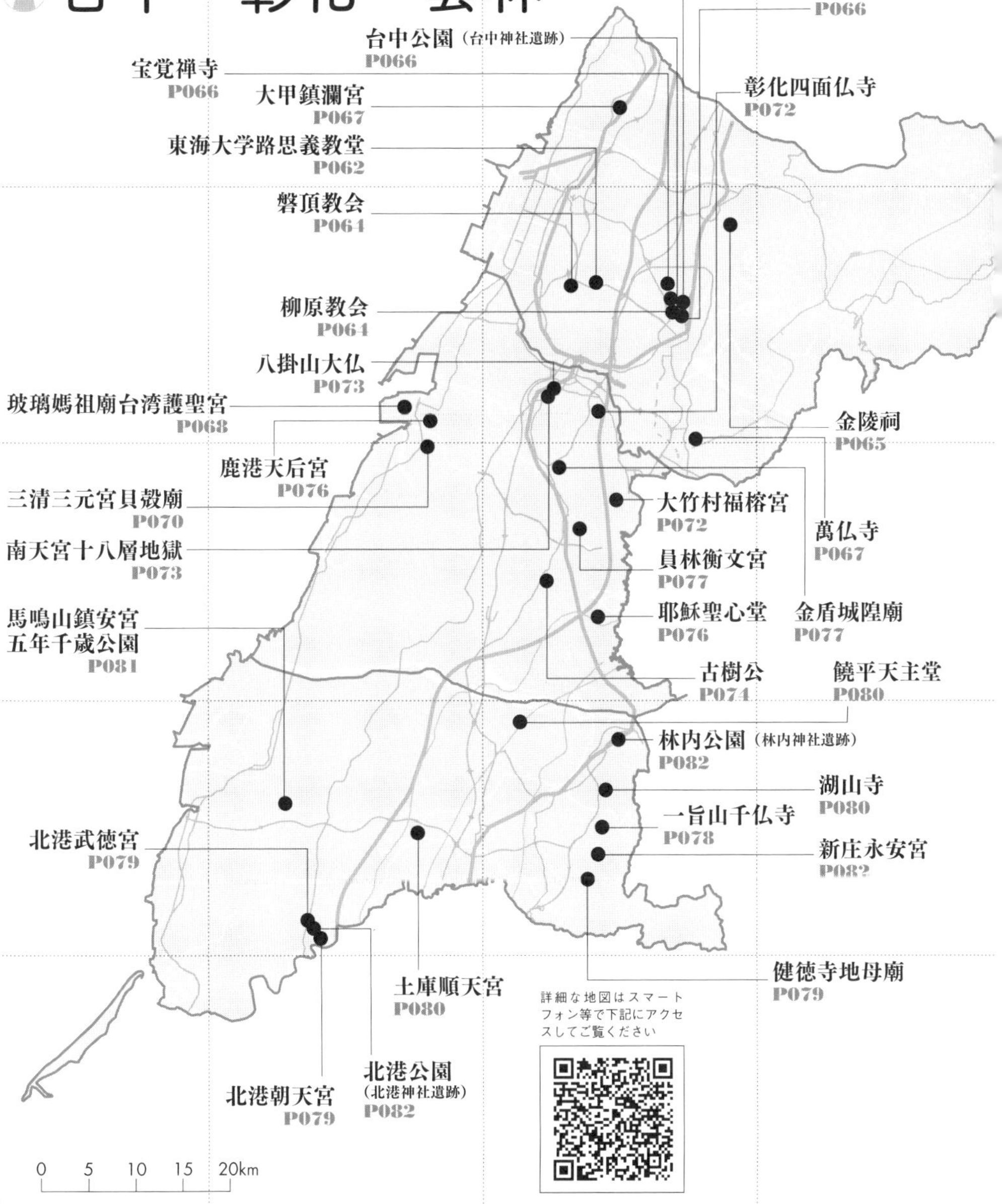

詳細な地図はスマートフォン等で下記にアクセスしてご覧ください

E
F
G
H
南投
N
玉慈宮
P088
寶湖宮地母廟
P089
霧社抗日英雄紀念公園
P091
鳥居喫茶食堂
P090
中寮石龍宮
P086
中台禅寺
P087
慈徳宮（葫蘆廟）
P087
1
2
徳龍宮
（霧ヶ岡社遺跡）
P091
3
天宝堂
P089
4
萬丹宮
P089
竹山公園
（竹山神社遺跡）
P088
竹山紫南宮
P088
5
0
5
10
15
20km
詳細な地図はスマートフォン等で下記にアクセスしてご覧ください
E
F
G
H

嘉義・台南

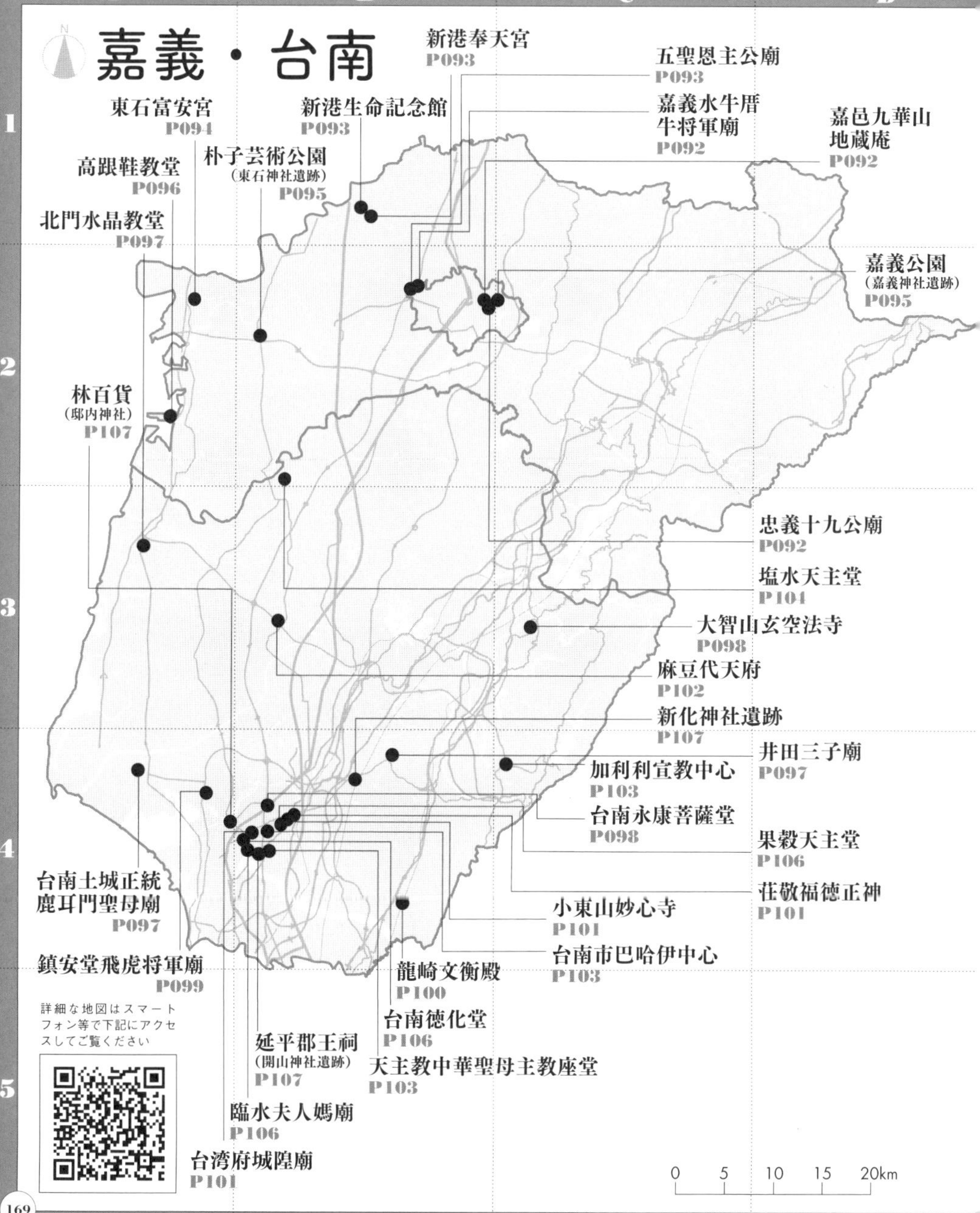

新港奉天宮
P093
五聖恩主公廟
P093
嘉義水牛厝
牛将軍廟
P092
嘉邑九華山
地蔵庵
P092
東石富安宮
P094
新港生命記念館
P093
高跟鞋教堂
P096
朴子芸術公園
（東石神社遺跡）
P095
北門水晶教堂
P097
嘉義公園
（嘉義神社遺跡）
P095
林百貨
（邸内神社）
P107
忠義十九公廟
P092
塩水天主堂
P104
大智山玄空法寺
P098
麻豆代天府
P102
新化神社遺跡
P107
井田三子廟
P097
加利利宣教中心
P103
台南永康菩薩堂
P098
果毅天主堂
P106
荘敬福徳正神
P101
台南土城正統
鹿耳門聖母廟
P097
小東山妙心寺
P101
台南市巴哈伊中心
P103
鎮安堂飛虎将軍廟
P099
龍崎文衡殿
P100
台南德化堂
P106
延平郡王祠
（開山神社遺跡）
P107
天主教中華聖母主教座堂
P103
臨水夫人媽廟
P106
台湾府城隍廟
P101
詳細な地図はスマートフォン等で下記にアクセスしてご覧ください
0 5 10 15 20km
A B C D
1 2 3 4 5

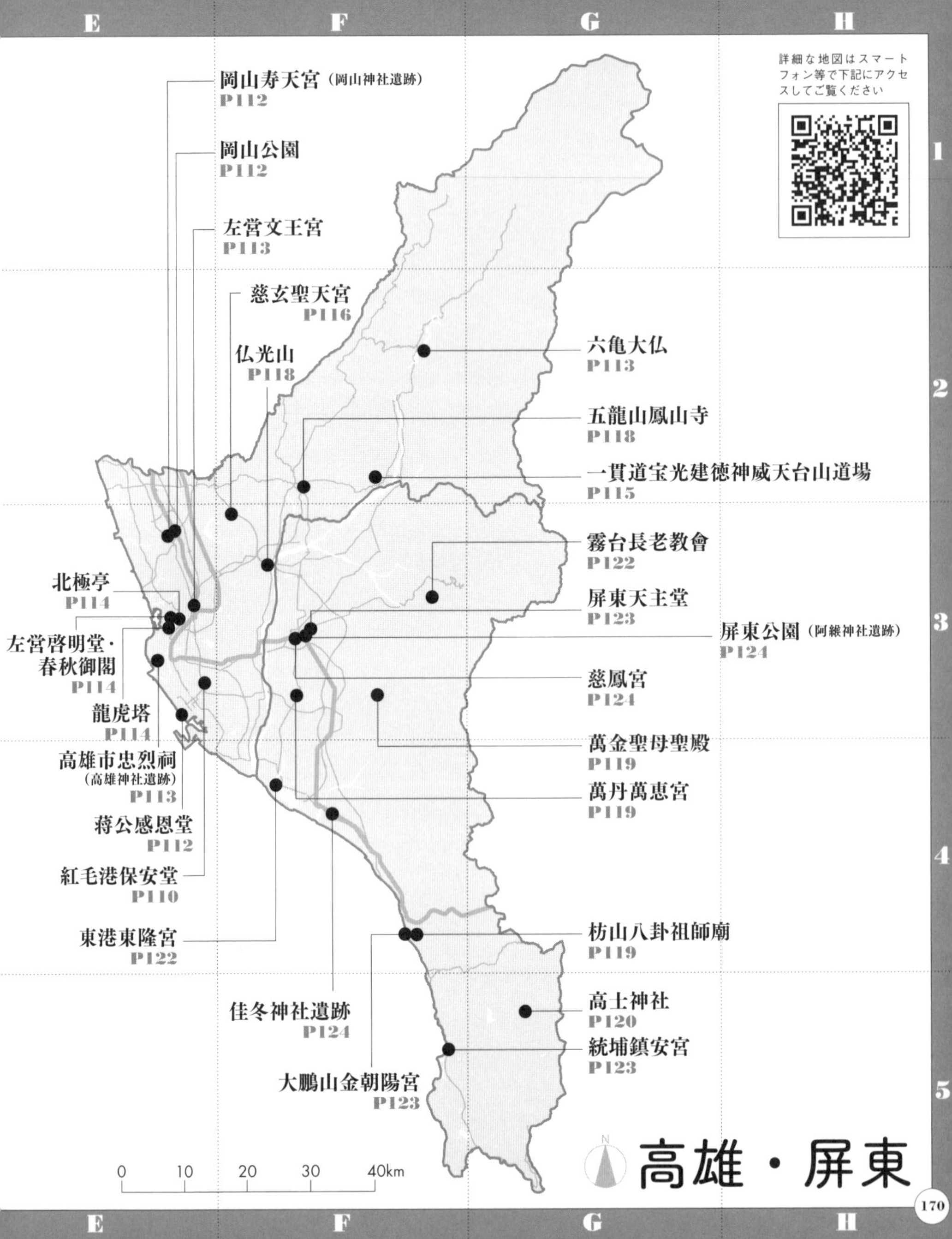
高雄・屏東
詳細な地図はスマートフォン等で下記にアクセスしてご覧ください
岡山寿天宮（岡山神社遺跡）
P112
岡山公園
P112
左営文王宮
P113
慈玄聖天宮
P116
仏光山
P118
六亀大仏
P113
五龍山鳳山寺
P118
一貫道宝光建徳神威天台山道場
P115
霧台長老教會
P122
北極亭
P114
屏東天主堂
P123
屏東公園（阿緱神社遺跡）
P124
左営啓明堂・春秋御閣
P114
慈鳳宮
P124
龍虎塔
P114
萬金聖母聖殿
P119
高雄市忠烈祠（高雄神社遺跡）
P113
萬丹萬恵宮
P119
蒋公感恩堂
P112
紅毛港保安堂
P110
東港東隆宮
P122
枋山八卦祖師廟
P119
佳冬神社遺跡
P124
高士神社
P120
統埔鎮安宮
P123
大鵬山金朝陽宮
P123
0
10
20
30
40km
N
E
F
G
H
1
2
3
4
5

台東

A
B
C
D
1
2
3
4
5
N
樟原長老教会
P135
卡片教堂
P134
仏緑禅寺
P132
鹿野神社
P138
男人の石
P133
崑慈堂
P138
仏光禅寺
P132
都蘭天主教
P135
台東海神廟
P138
台東天后宮
P131
台東忠烈祠（台東神社遺跡）
P131
済化殿
P131
知本忠義堂
P130
0
10
20
30
40km
詳細な地図はスマートフォン等で下記にアクセスしてご覧ください

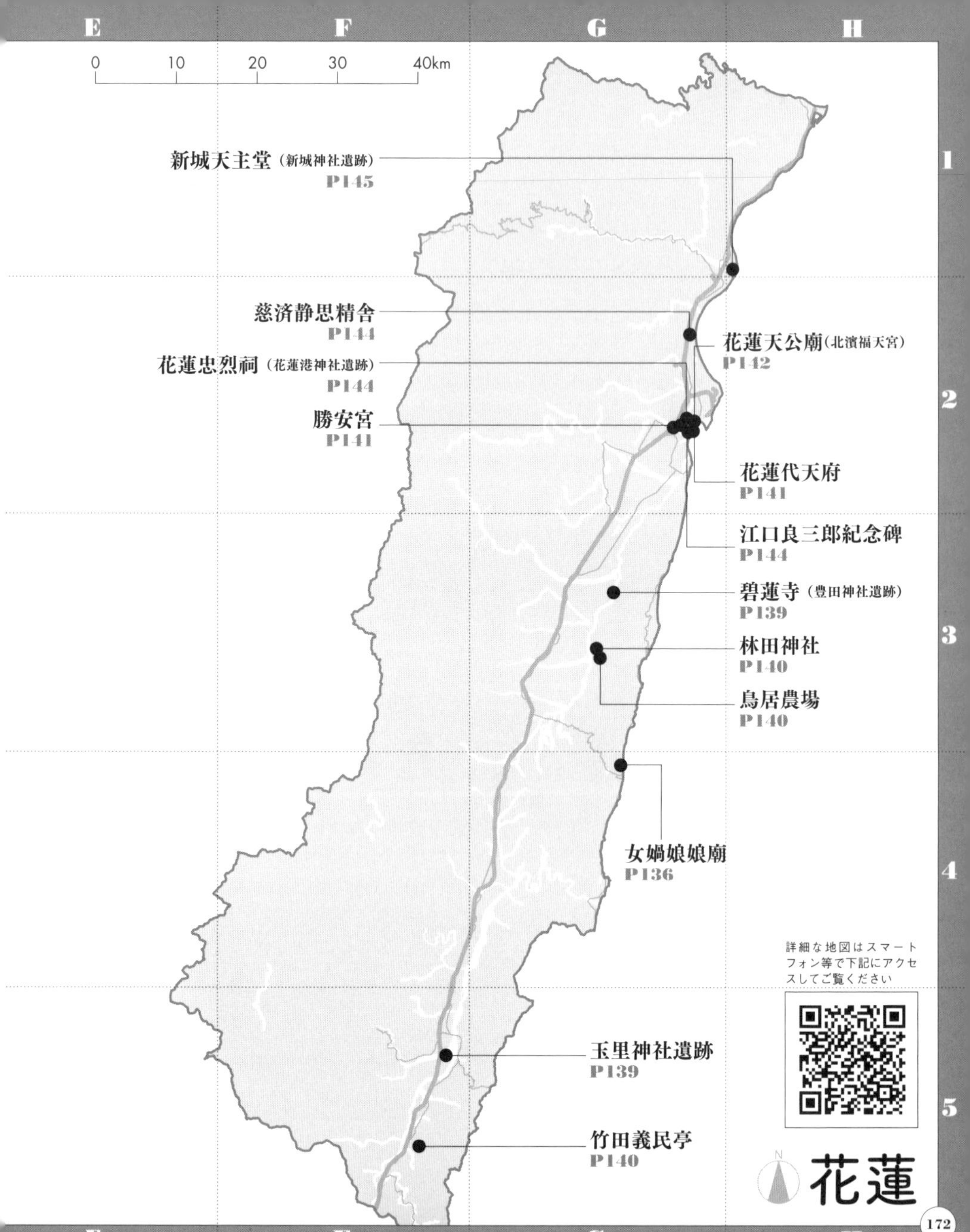
E F G H
1 2 3 4 5
0 10 20 30 40km
新城天主堂（新城神社遺跡）
P145
慈済静思精舎
P144
花蓮忠烈祠（花蓮港神社遺跡）
P144
勝安宮
P141
花蓮天公廟（北濱福天宮）
P142
花蓮代天府
P141
江口良三郎紀念碑
P144
碧蓮寺（豊田神社遺跡）
P139
林田神社
P140
鳥居農場
P140
女媧娘娘廟
P136
玉里神社遺跡
P139
竹田義民亭
P140
詳細な地図はスマートフォン等で下記にアクセスしてご覧ください
N
花蓮

宜蘭

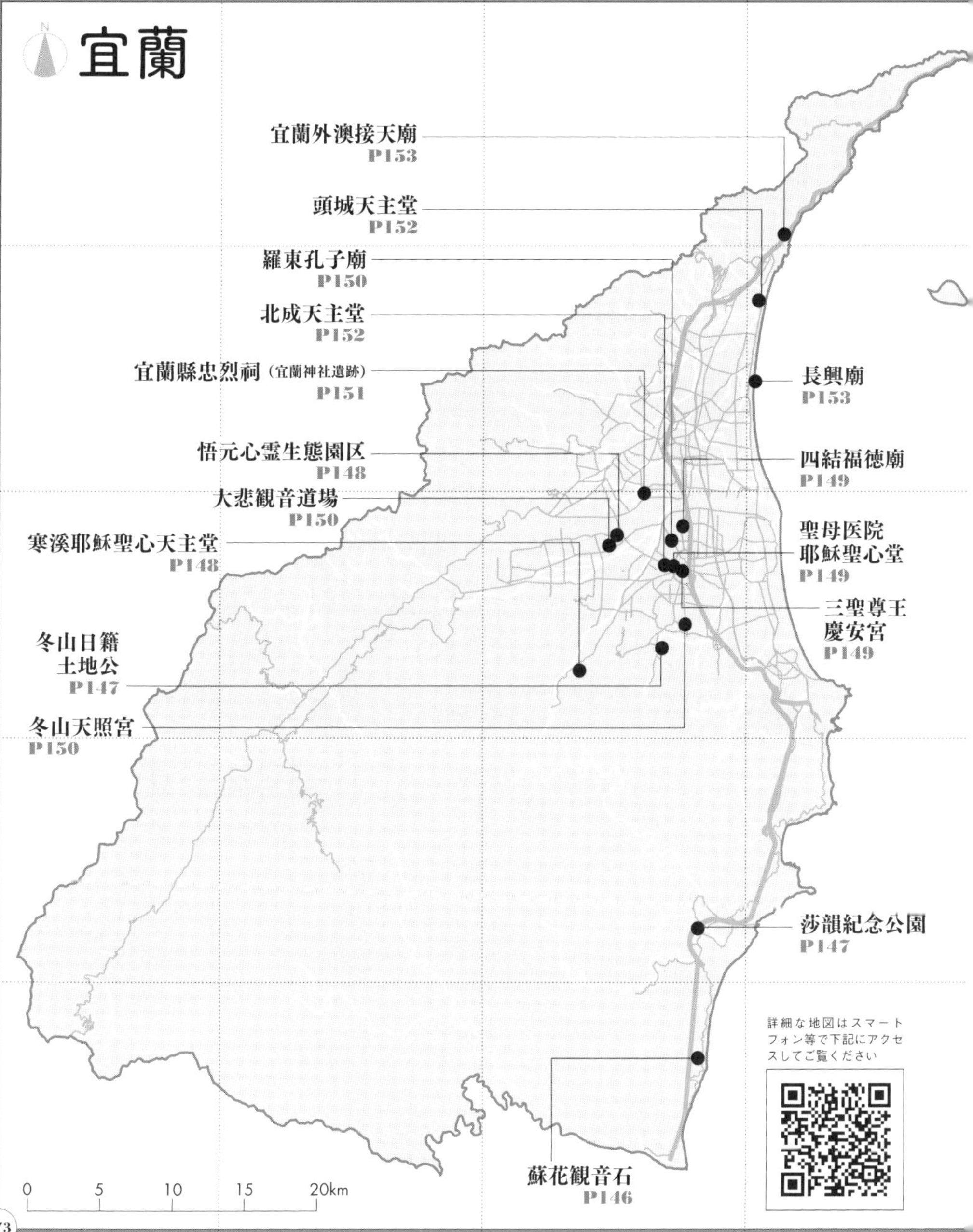

詳細な地図はスマートフォン等で下記にアクセスしてご覧ください

さらにおわりに

各地を巡拝中、台湾の町角では〝南無阿弥陀仏〟の表示や、名もなき小さな祠を次々と目にした。「台湾に行くと、何故かリラックスできる」という人がいるが、このように町中にパワースポットがあり、神々がもたらす良い〝気〟を浴びるからかもしれない。

南無阿彌陀佛

南無阿彌陀佛

南無阿彌陀佛

福
南無觀世音菩薩

パワースポット・オブ・台湾

~台湾の聖殿と神々を巡る旅~

著者 松田義人

編集・執筆・撮影・デザイン・マップ作成 松田義人（deco）

編集協力 謝佳玲、井上泰実、阿部千恵子、Qian-fan hong、Jun-Yu Chen、dodo yu、Wenxiang Zeng、花蓮觀光旅遊包車古小姐、凱子凱、葉英晋、汪達也、長榮國際股份有限公司、高橋友梨香（恩詩国際精品）、小原央明（亜紀書房）、小嶋平康（deco）、台湾同郷組合、台湾新聞社、台湾観光局

発行日 2019年10月31日

発行人 北原 浩

編集人 勝山俊光

編集担当 岡堀浩太／平山勇介

発行所 株式会社玄光社

〒102-8716 東京都千代田区飯田橋4-1-5

電話 03-3263-3515（営業部）

03-6826-8566（編集部）

URL http://www.genkosha.co.jp/

印刷・製本 図書印刷株式会社

Printed in Japan

ISBN978-4-7683-1245-2 C0026